文化驿站 共享空间

杭州社区文化家园建设丛书

亲和·休博园

郑 晖 著

杭州出版社

图书在版编目（CIP）数据

亲和·休博园 / 郑晖著. -- 杭州：杭州出版社，
2020.10
（杭州社区文化家园建设丛书）
ISBN 978-7-5565-1315-4

Ⅰ．①亲… Ⅱ．①郑… Ⅲ．①社区文化－建设－概况
－杭州 Ⅳ．①G127.551

中国版本图书馆CIP数据核字（2020）第151911号

QINHE XIUBOYUAN
亲和·休博园
郑　晖　著

责任编辑	蒋晓玉
封面设计	祁睿一
出版发行	杭州出版社（杭州市西湖文化广场32号6楼）
	电话：0571-87997719　　邮编：310014
	网址：www.hzcbs.com
排　　版	杭州真凯文化艺术有限公司
印　　刷	浙江全能工艺美术印刷有限公司
开　　本	710mm×1000mm　1/16
字　　数	115千
印　　张	10
版 印 次	2020年10月第1版　2020年10月第1次印刷
标准书号	ISBN 978-7-5565-1315-4
定　　价	28.00元

序　言

　　党的十九大报告指出，要"发挥社会主义核心价值观对国民教育、精神文明创建、精神文化产品创作生产传播的引领作用，把社会主义核心价值观融入社会发展各方面，转化为人们的情感认同和行为习惯"；要"满足人民过上美好生活的新期待，必须提供丰富的精神食粮……完善公共文化服务体系，深入实施文化惠民工程，丰富群众性文化活动"；要"打造共建共治共享的社会治理格局……加强社区治理体系建设，推动社会治理重心向基层下移，发挥社会组织作用，实现政府治理和社会调节、居民自治良性互动"；要"保证全体人民在共建共享发展中有更多获得感，不断促进人的全面发展"。

　　2017年6月，杭州市文明委下发的《关于开展社区文化家园建设的实施意见》指出："以'文化驿站、共享空间'为定位，以大力培育社区邻里文化、志愿文化、社工文化为重点，坚持政府主导、群众主体和多方参与相结合，充分发挥社区文化家园在活跃社区文化、提升市民素质、促进社区和谐、凝聚社区力量中的重要作用"，"突出思想引领、道德滋养、文明倡导、文化熏陶"。目前，我市社区文化家园建设已从示范创建阶段推进到扩大创建阶段，同时已产生一大批社区文化家园示范推荐点，有越来越多的社区积极构建、规范、创新文化家园，呈现了许多卓有成效的亮点做法和宝贵经验。

2019年4月，首批"杭州社区文化家园建设丛书"（8种）正式出版后，以生动的内容、精美的设计、凝练的经验总结，得到了市领导及各社区的广泛好评，为市民群众提供了深入了解家园、激发热爱家园之情的优秀读物。

开展社区文化家园建设，是贯彻党的十九大精神，加强社区治理体系建设，实施文化惠民工程，实现以文化人的有效载体；也是新时代背景下满足人民日益增长的美好生活需要，在社区文化建设过程中的直观体现。为了总结经验、展示成果、提炼特色、升华品质，把社会主义核心价值观融入社区文化建设领域，进一步增强社区居民的文化归属感，进而转化为社区居民的情感认同和行为习惯，拟围绕"小人物，大家庭，新时代"主题思路，再次编写出版一套贴近普通居民的"悦读"文本、展示社区文化家园的精华范本、推广精神文明建设的通俗读本。

　　为深入学习贯彻党的十九大精神，深入贯彻杭州市精神文明建设委员会《关于开展社区文化家园建设的实施意见》精神，加快推进崇德向善、文化厚重、和谐宜居的文明城市建设，不断丰富广大群众的精神文化生活，在成功出版第一辑的基础上，由杭州市文明办与杭州出版集团联合牵头、策划实施"杭州社区文化家园建设丛书"第二辑编写出版项目，再度从首批杭州市社区文化家园示范点等优秀社区中选择上城区紫阳街道上羊市街社区、下城区东新街道新颜苑社区、拱墅区上塘街道蔡马社区、西湖区文新街道湖畔社区和留下街道杨家牌楼社区、萧山区城厢街道休博园社区、余杭区东湖街道茅山社区、富阳区富春街道巨利社区等8个文化家园，分别独立成书，每个社区提炼一两个关键词作为核心主题内容，形成"杭州社区文化家园建设丛书"第二辑。

　　"杭州社区文化家园建设丛书"第二辑，通过精心制作"盆景"来展示社区文化"风景"。杭州社区文化家园建设，既有共性，又有各自的个性。每一个社区的个性，包括其历史文化、人文风情、特色亮点等，经过深入挖掘、精心梳理、巧妙整合、创新设计、用心编写，形成"一社区一品牌，一图书一特色"，这些社区文化家园的"盆景"组合在一起，就形成一道美丽的杭州社区文化家园的"风景"。因而丛书中的各册图书既相互独立，又相互关联，形成一个以"文化统领"为逻辑线的协调的整体。通过精心提炼特色来展示社区文化品牌。每册图书采用"1+X"的形式,对相关素材进行梳理整合。"1"就是该社区"压厢底"的特色和亮点,"X"就是该社区其他值得记录和展示的文化资源,如人文底蕴、文化遗迹、历史文化名人、自我管理方面的典型事例等等。既展示"镇宅之宝",也展示其他"家珍",做到主题突出、特色鲜明,同时形象丰满、内容丰富。通过记录"草根"生活来展示社区文化品质。本丛书是"小人物"的"微史记",撷取社区日常管理和百姓日常生活中打动人心的事件、故事等,体现"大家庭"的温暖和"新时代"的风貌。在图书框架、行文风格、图片选取上努力实现"老百姓讲自己的故事,老邻坊说身边的人物",让读者获得"微微一笑更倾心"的感觉。

现在,"杭州社区文化家园建设丛书"第二辑与读者见面了,希望有利于进一步推进杭州社区文化家园建设,进一步提高杭州社区文化家园建设水平。

杭州社区文化家园建设丛书编委会

2020年7月

目　录

第一章 "休闲、文化、创业"三位一体，现代与传统交融

亚里士多德说："人们来到城市是为了生活，人们留在城市是为了更好的生活。"在杭州的语境中，生活是最本质的存在，代表着一种生存与活力，文化传承、历史文脉都在生活的河流中流淌、沉淀。只有把生活中蕴含的美好回归于人本身，只有把政治、经济、文化、社会和生态还原于生活，这样的城市才是一座好的城市。

"休闲、文化、创业"三位一体是杭州城市发展特色所在。生活与工作相融合，休闲、文化、创业三者融合为一体。休闲，让我们在工作之余，感受城市的美丽，体验生活的乐趣；文化，让我们在生活的同时，了解工作的意义，享受城市的魅力；创业，让我们在城市中找到自身价值的同时，也找到认同感、归属感。

萧山文化悠久绵长，一叶独木舟，问史八千年。文化和文明在这里激荡，传统和现代在这里交融，中华传统优秀美德在这里续写新的篇章。近年来，萧山区全力推进"文化兴盛"行动，积极培育和践行社会主义核心价值观，深入推进高水平文明城市建设，精神文明建设各项工作亮点纷呈。

　　近年来，萧山区为满足群众精神文明建设需求，推进文明村社、文明单位、文明校园增量提质，打造星级社区文化家园，全域化推动精神文明阵地建设。萧山区城厢街道休博园社区成为杭州市首批五星级社区文化家园。

　　对更好生活的执着追求，对品格品质的持续关注，是这座东方城市不变的立场。

第一节 悠长文化中的蓬勃朝气
——休博园社区的前世今生

"社区是跳动着的城市心脏"，社区蕴含着城市的秘密。承载着杭州市、萧山区的悠长文化，勃发着蓬勃的朝气，年轻的休博园社区，就是这样的阵地和家园。

世界休闲博览园

杭州休博园始于2006年杭州世界休闲博览会。2006年4月22日至10月22日举办的杭州世界休闲博览会，与2008年北京奥运会、2010年上海世博会并称为本世纪初三大盛会。大型盛会建立了知名度，于此基础上改建为现在的休博园。

世界休闲博览园坐落于湘湖旅游度假区湘湖路92号，占地3700亩，是集休闲王国、游乐世界、购物天堂、创意天地、会展中心、人居乐园为一体的杭州首个RBD休闲商务中心。

杭州正在形成三大功能区，分别是承载自然人文景观旅游功能的西湖、杭州中央商务区钱江新城（CBD）、中国首个游憩商业社区休博园（RBD）。这三大功能区将构成功能互补、交相辉映的"金三角"，促进杭州旅游产业结构优化和旅游产品转型，推动杭州的城市化进程。

未来的休博园将完善各种业态，成为杭州与武林商圈、钱江新城三足鼎立的城市休闲商业中心，长三角旅游休闲目的地。

2013年12月，休博园社区成立。

休博园成立

社区位于萧山区城厢街道西北部，萧山"母亲湖"湘湖东岸，由奥兰多小镇（休博园三区）、苏黎士小镇（休博园一区）、湖畔宽邸（休博园四区）、乐园一期、威尼斯水城（水城）、地中海别墅（休博园五区）6个新型小区组成。社区总面积1.34平方公里，总户数3096户，现有常住户2541户，常住人口6297人，在册党员62人，在职党员105人。辖区内有浙江省文化创意产业实验区、杭州乐园、第一世界大酒店、阿U文化等52家单位。

近年来，社区坚持以人为本，以需求为导向，努力实现社区文化和企业文化、湘湖文化的融合，打造社区居民和企业员工的生活乐园。

自2017年建成社区文化家园以来，休博园社区以文化家园建设为助推器，积极开展群众文化活动，每年节假日期间都组织开展丰富的文化活动，连续五年举办社区文化艺术节，并将红色文化基因传承注入社区文化家园中，继承和发扬红色精神，培育社区居民爱国情怀，构建和谐社会。

按照自身的特点，休博园社区进一步统筹场所设施建设，做到室内有文化中心，室外有文化广场，推动了社区文化家园的整体性建设。由于各小区布局分散，社区根据居民年轻化、文化程度高、生活节奏快等特点，结合品牌引领，把各类场所整合成"一站一馆"，为居民提供了高品质、一体化的文化学习交流场所，也成为精神文明建设的主阵地。

现如今，休博园社区在时光和时代的照耀下，成长、成熟，成为杭州典型的文化家园，一代又一代的人在这里安居乐业，幸福生活。

历史沿革

2011年，成立休博园社区委员会筹建组。

2012年3月11日，开展第一次社区亲子活动；6月28日，开展"进社区做奉献"在职党员广场活动。

2013年6月30日，休博园社区开展纪念建党92周年广场便民服务活动；12月20日，两代表一委员工作室正式开放；12月25日，休博园社区居委会正式成立，通过民主直选产生居民委员会成员。

2014年1月23日，开展第一次妇女代表大会；3月3日，建立蓝领驿站；3月11日，召开党的群众路线教育动员会；6月5日，举办舌尖上的休博活动。

2015年5月18日，召开湖畔第一届业主代表大会；6月30日，举办建党节晚会；9月28日，生活科技馆开馆，小薇工作室成立，第一个社区社会组织智炫休博社会工作服务中心成立。

2016年3月3日，召开居民委员会成员代表会议；6月，举办"助力G20峰会"第二届社区文化艺术节——军地携手联保平安；11月27日，举行智炫休博生活驿站启动仪式，建成萧山区双拥共建示范点，服务G20系列活动开课。

2017年4月1日，党组织换届；5月4日，居委会换届选举；5月16日，召开第二次妇女代表大会；6月24日，举办"我爱我家"第三届社区文化节；10月，创建国际化社区。

2018年，休博园社区党总支部委员会成立；1月8日，党群服务中心成立；2月9日，社区少先队成立；3月2日，"智炫休博"计划启动；7月6日，好好读社授牌。

第二节　居民走得进、坐得住的"大家园"

　　春风拂面暖人心。如今，行走在杭州大地，人们的认同感和归属感，正融入这一片片枝繁叶茂的文化阵地之中。在城市，一个个社区文化家园正拔地而起，承载着人们的文化梦想。

品茗轩

写春联

书法班

　　随着城市发展水平日益提升、国际化步伐日渐加快，打造一个散发着文化气息的和谐宜居社区，成了每个居民的共同需求。

　　为满足城市社区居民日益增长的精神文化需求，提升居民的文化获得感和精神满足感，将城市社区真正打造成居民走得进、坐得住的"大家园"，实现"身有所栖""心有所寄"并"乐在其中"是休博园社区的终极目标。

如果说社区文化是城市文化的基石，那么和谐社区就是和谐社会的基础。通过社区服务和建设机制、丰富的文化生活、更多的居民参与，休博园社区正朝着这个终极目标努力。

旗袍秀

同一个社区，同一个家园。思想工作联做，生活环境联建，社会治安联防，公益事业联办，科教文化联谊，休博园社区社会工作服务中心开创了"资源共享、优势互补、互惠互利、共驻共建、共同发展"的良好局面，实现了社区与企业的整合，居民与员工的融合，努力开创智慧文明、和谐共处的新未来！

元宵舞会

第三节 在打造文化精品中讲好"杭州故事"

文化，是社会文明发展到一定阶段的产物。

让文脉成为气质，让文化成为生活。文化是"无形的心"，但文化建设却不能无心。

打造精神文化乐园，推动精神文明建设。精神文明建设关乎全局，作用重大。党的十九大报告提出：发展面向现代化、面向世界、面向未来的，民族的科学的大众的社会主义文化，推动社会主义精神文明和物质文明协调发展。

在"八八战略"的指引下，杭州在过去的时光里，逐渐让文化成为一种滋养心灵的公共产品，如何在延续历史文脉中当好"薪火传人"，在打造各种文化精品中讲好"杭州故事"，在推进多样共融中放大"最美效应"，是当下杭州的使命。

近年来，随着杭州城市发展水平日益提升、国际化步伐日渐加快，一个散发着文化氛围的和谐宜居社区，成了每个市民的切身需求。同时，社区文化作为城市现代化和城市文化建设的重要组成部分，越来越受到人们的关注，它在满足人们对美好生活的向往和提高市民素质方面，具有不可替代的作用。在此背景下，"社区文化家园"应运而生。

各级领导关怀

休博园社区，以其独特的气质和风韵，成为杭州市首批五星级社区文化家园，自然受到各级领导的关注和关怀。

2015年3月文明社区

2015年度五星级党组织

2015年度和谐社区

2016年度五星级党组织

2016年先进基层党组织

2016年度综合先进集体

2017年度"五水共治"先进集体　　2017年度五星级党组织　　2017年度综合先进集体

2018年度精神文明建设工作先进集体

2018年度五星级党组织

2018年度垃圾分类先进集体

2018年度先进基层党组织

2018年度卫生健康先进集体

2018年度综合先进集体

仅在2019年，就有多位领导莅临指导：

2019年3月20日上午，浙江省杭州市萧山区区委组织部部长陆志敏调研指导社区党群服务中心工作。

同日下午，浙江省杭州市萧山区区委、副书记赵立明指导平安村社建设工作。

2019年4月26日，浙江省杭州市人大党组书记、主任于跃敏指导基层人大代表工作。

2019年5月20日，浙江省委常委、杭州市委书记周江勇调研社区基层治理工作、基层人大代表工作。

2019年10月10日，杭州市萧山区人民政府副区长陈琴箫调研社区基层治理工作。

2019年10月15日，浙江省杭州市委常委、萧山区委书记佟桂莉调研不忘初心主题教育工作。

2019年12月25日，浙江省民政厅厅长王剑侯调研基层民政工作。

2020年3月4日，市委组织部组织处处长朱红亮调研社区治理工作。

五星级杭州市社区文化家园

浙江省科普示范社区（2016—2020年）

第二章 "三化共融"是基础，
"三社联动"是依托

休博园社区位于杭州市萧山区城厢街道西北部，萧山"母亲湖"湘湖东岸，是中国首个游憩商业社区(RBD)。坐拥地铁口，面朝新湘湖，集湖光山色之精华，融历史人文为一体，繁华中独享一份安宁。近年来，按照"三化共融，智炫休博"的品牌文化设计思路，社区内各类文化休闲活动场所一应俱全并免费向居民开放。

"智炫休博"，就是来自五湖四海的各种人才因为工作、生活等原因汇聚于此，思想交流、文化碰撞，使社区文化更多元、更丰富，所以使"三化共融"有了茁壮成长的土壤；作为国家级旅游胜地、城市湖区伴生区和地铁交通始发终点休闲目的地，再加上当地企业文化创意提升，社区在游憩空间的设计上有了更多

幸福休博园

选择，且选择主题更加明确。

文化积淀的思考。以创意文化为要素，以独特地理文化为桥梁，以休闲产业文化为手段，三者集聚，驱动游憩空间反哺于社区文化建设，游憩空间的扩充和文化基调的拓展是关键。

阵地运营的思考。智炫休博生活科技馆，是萧山区目前最大的社区科普馆，场馆立足社区，紧贴百姓生活。由于社工人员有限，引进社会组织势在必行，但是否是唯一出路？再加上影视制作全过程体验，运作上更加困难。

机制建设的思考。在文化家园的建设道路上，社区文化、企业文化、居民文化"三化共融"，社区、社会组织、社会工作者"三社联动"，"三化共融"是基础，"三社联动"是依托。如何利用这一机制组织好社区文化活动，打造好文化品牌建设，从而做好思想文化宣传工作，这些都值得我们去探索。

第一节　做细做精服务，营造未来社区城市生活空间
——以党建为引领的社区文化家园建设

　　社区管理和服务是一项系统工程，需要长期扎实细致地开展各项基础工作。团结一切可以团结的力量，把社区拧成一股绳，最重要的是抓住几支队伍，这样才能得心应手地开展各项工作。党建，是一切工作的抓手。

党员志愿者服务

签订党员廉政承诺书

休博园社区成立以来，以党建为引领，开展"做细做精服务，营造未来社区城市生活空间"的服务品牌建设，运用"1533"工作机制："1"——以"党建引领"为切入点；"5"——以"5S"个性化服务，即微笑服务、真诚服务、快捷服务、个性服务和满意服务为依托点；"3"——以智慧化、网格化、全科化三化服务为支撑点；"3"——以社区、业委会、物业三方协同联合"三社联动"的社区治理模式为着力点，整合多方资源，打造"四位一体"工作格局，凝聚合力，坚持"真心、热心、贴心"工作理念，为居民打造未来社区城市生活空间。

以"党建引领"为切入点，提效服务

未来社区的打造离不开党建引领。加强未来社区党建工作，在公共服务、信息舆论、建设精神文明、构建和谐社区等方面加强组织领导，做精做细各项组织工作，就要根据目前居民在生活中对互联网普遍依赖的情况，依托城厢街道党建服务平台，做好智慧党建。在这个平台上实现了各种实体党建资源数字化整合、智能化

重温入党誓词

党员党建大讨论

响应、精准化服务，构建规范、开放、整合、高效、互动的党群工作体系，提升我们基层党建的科学化水平和服务群众水平，打通联系服务群众"最后一公里"。

其次是休博园社区的各项工作，在党建的引领下以"5S"为依托，为不同的居民提供个性化贴心服务。我们对817位居民进行社区服务的问卷调查，通过对居民需求进行统计分析，以居民需求为导向，做精细化服务，从而开设了党群服务中心，其中设立七个社会工作室——乐之家、品茗轩、心悦坊、书之海、赤子汇、群英阁、E智荟，开辟亲子乐园，每月定期开放生活科技馆，引进智炫菜园、社区卫生服务站。自2016年开始运行以来，目前已培育和引进28个社会组织为不同的居民进行专业化服务，孩子们的俱乐部、九木书画社、我和你心理咨询等都按固定时间开展活动。

以"三化服务"为支撑点，丰富内容

休博园社区秉持与时俱进的精神，以智慧化、网格化、全科化的三化服务为居民做好服务工作。一直注重"智慧社区"的建设，从而营造未来社区城市生活空间，为辖区内的居民提供政务、居务、娱乐等一站式数字化综合服务。社区推出了"微动休博园"微信公众号、微博、QQ群等信息平台，通过手机，就能接收社区动态，了解政策法规，参与社区活动，提出意见建议，等等。在这基础上，我们继续深化"最多跑一次"改革，切实做到"信息多跑路，群众少跑腿"，改进休博园智慧社区信息平台，实现视频音频播放、便民信息发布、办事流程查询等功能。社区将居民经常办理的事项的办事流程、所需材料在"微动休博园"微信公众号上公布，居民可以事先浏览、准备材料。建设"智慧社

区"使服务更智能，互动更便捷，也使我们基层的服务更加高效精细。

以"三方协同"为着力点，多元治理

面对新建社区治理难、新建小区活动组织难、新入住居民环境融入难等问题，社区党总支坚持以党建为引领，探索开展社区、业委会、物业三方协同联合"三社联动"治理模式。结合本社区实际和居民需求状况，坚持以人为本，以需求为导向，深化社区党建工作，注重党建工作力向社会组织拓展，党建凝聚力向社会组织渗透，党建核心力向各个小区延伸。同时，在社区党组织领导下，社区居委会、业主委员会、物业服务企业整体联动，形成合力，共同为居民群众提供体贴入微、细致周到的关爱服务、公共服务、物业服务和志愿服务。

（一）"三方协同"凝聚合力，共建和谐社区

休博园社区下辖六个居民小区，分别由六家物业公司进行日常管理，其中有五个小区成立了业委会。面对新形势、新问题、新矛盾，在2018年8月成立了由社区党总支领导的业委会和物业临时联合党支部，通过构建三治协理制度，定期开展三治协理会议，理顺社区居委会、业主委员会、物业公司三者之间的关系，发挥各自优势，缓解彼此矛盾，形成整体合力，形成了在社区党总支领导下，社区居委会指导有力、业主委员会监督到位、物业公司服务提升的"三位一体"工作格局。

社区党组织在社区居委会、业主委员会、物业公司三者之间，引导和树立一个共同目标：为居民提供优质服务，合力共建和谐社区。社区居委会负责社区管理，小区业委会负责社区治理，物业公司负责社区服务，在各司其职的同时，切实加强三方协同。例如，在整治小区的车库、堆积物和规范电瓶车充电行动中，社区党总支指导居委会、小区业

党员洁美家园

社工全家福

委会、物业公司三方协同，发挥党员和志愿者的力量，彻底解决了这个历史遗留问题。

　　社区党总支定期召开三方协理会，把为居民排忧解困、维护居民的合法权益作为工作的出发点和落脚点，对难点和共性问题加强沟通讨论，集众家所长，使三方的工作形成合力，切实在工作内容上互补、在工作方式上互联、在工作关系上互助，将业主委员会的自治管理、物业公司的专业管理、居委会的社区管理合而为一，提升工作效能，实现一个小区内社区管理、社区治理、社区服务的有机结合。

　　（二）"三社联动"多元治理，打造"智炫休博"

　　2015年3月起，在党建引领下，休博园探索打造以社区为基础、社会组织为载体、社会工作者为支撑的"三社联动"社区治理模式，成立

"智炫休博"社会工作服务中心。中心以"自助互助，公益先行"为宗旨，构建社区服务新平台，将孵化本土社区社会组织和引进外来专业社会组织相结合，发掘培育了一批居民领袖人物，丰富居民活动内容，为社区居民提供多样化、专业化、精细化服务。

在服务社区居民的同时，社区党总支又在辖区企业中发展社会组织，做好对企业员工的衍生服务。例如，蓝领驿站开展技能比武大赛、乒乓球联谊赛、环湘湖毅行、中秋联谊会等活动；通过"雏鹰乐园"和"小候鸟"假日学校，对员工子女开展"经典诵读""在学英语中游萧山""一起绘休博""亲子湘湖游"等活动，做好企业员工的后勤保障工作，丰富员工子女们的假期生活。通过党建引领社会组织的新格局，实现了社区与企业的整合、居民与员工的融合，让"社区文化、企业文化和湘湖文化"融合生根发芽，形成了"三化共融，智炫休博"的良好局面。

第二节 三化融合，智炫休博

——休博园社区文化家园建设机制

自2017年建成社区文化家园以来，休博园社区以文化家园建设为助推器，积极开展群众文化活动，每年节假日期间都组织开展丰富的文化活动，连续五年举办社区文化艺术节，并将红色文化基因传承注入社区文化家园中，继承和发扬红色精神，培育社区居民爱国情怀，构建和谐社区。

主题鲜明、设施完备的社区文化活动

按照自身的特点，休博园社区进一步统筹场所设施建设，做到室内有文化中心，室外有文化广场，推动了社区文化家园的整体性建设。由于各小区布局分散，社区根据居民年轻化、文化程度高、生活节奏快等特点，结合品牌引领，把各类场所整合成"一站一馆"，为居民提供了高品质、一体化的文化学习交流场所，也成为精神文明建设的主阵地。

"一站"即智炫休博生活驿站，面积800余平方米，划分为E智荟、书之海、心悦坊、赤子汇、群英阁、乐之家、品茗轩、亲子乐园8个活动室，居民可以在此开展品茗、烘焙、阅读、书画、棋牌、舞蹈、健身、聚会、培训、亲子游戏等各类文化交流活动。

"一馆"即智炫休博生活科技馆，面积430平方米，分"基础科学""绿色生态""防灾减灾""消防安全""宣传教育"五大板块，

党群服务中心

有器具60多件，让居民在家门口体验科技，在互动中学习文化。每月10日、20日、30日对外开放，平时也接受团队预约，至今已接待3000多人次。

1200平方米的室内运动场内，篮球、羽毛球、乒乓球等项目一应俱全，还有1万平方米的室外文化广场，可以举办各类文艺演出、文体比赛活动。

如今，社区整合现有的生活驿站、生活科技馆和室外文化广场等文化场所资源，在统一设置社区文化家园Logo的基础上，立足社区实际，将红色文化元素融入社区文化广场、文化长廊的打造中，彰显特色。

氛围浓郁、品牌凸显的群众文化活动

（一）发挥地域优势，完善品牌文化核心

社区根据区域特点，发挥地域优势，连续多年举办智炫休博主题文化艺术节，从旅游文化推介，到四方美食文化，再到生活驿站的启动、科技馆的启动，使社区文化、企业文化、居民文化交互融汇，"三化共融"品牌更加凸显，品牌核心"游憩"基因更加凝聚，社区成了共享共汇的文化乐园。

通过"三化共融"，发挥好旅游、文创产业集聚区的区域优势，各项主题活动蓬勃开展：开展广场舞、交谊舞、戏曲广播操、模特走秀、瑜伽等培训演出活动，芭蕾舞队邀请俄罗斯老师教授古典芭蕾，九木书画社开展西洋素描、油画培训，书法班邀请中国美院老师为居民培训软笔书法，国学社开展经典诵读活动，聚邻茶会每周品茗清谈，亲子俱乐部每周二、周三、周五、周六、周日开展各类亲子活动，我和你心理咨询服务中心提供家庭教育心理咨询服务，蓝领驿站丰富辖区企业员工的业余生活，毛线编织组周四组织编织活动，家风家训学习小组定期开展学习活动。

（二）传承红色文化基因，丰富文化家园内涵

打造红色"市民文化讲堂"，在其中举办红色专题讲座、看红色电影、讲红色故事等活动。感受党从最初成立到发展壮大的光辉历程，抒发社区居民热爱党、热爱祖国的美好情感，重温革命年代。

在"社区文化展示区"内宣传红色文化。整合社区现有各类公益宣传资源，利用智炫休博生活科技馆、科普长廊、橱窗展示等多种形式，发挥宣传教育引导作用。2019年新建一条红色文化长廊，通过长廊张

贴、墙绘、橱窗展示等多种形式，弘扬长征精神、爱国精神、红船精神，将红色文化传播到百姓心中。

鼓励社区文化社团开展各类红色文化活动。支持由居民自发组成的各类文体队伍、亲子俱乐部、青少年俱乐部等，开展各类红色文化活动，如阅读红色经典文学著作、唱红歌、学党史、参观红色文化展览馆等。

将红色文化融入"社区文化品牌"建设。弘扬红色文化，打造红色品牌。社区连续五年举办文化艺术节系列活动中，"红色"是重要的主题词。例如2018年"重温红色经典"，带领居民们重温当年岁月，宣传党和国家革命、建设、改革事业。几年下来，这已经成为社区的文化品牌。

在"网络文化平台"宣传红色文化。社区微信公众号开辟"清廉小荷"专栏，在微信中推送红色广播剧《平凡的坚守》、社区党员谈党风廉政建设等信息，宣传红色精神。

（三）推进"三社联动"，培育"社区公益服务组织"

休博园社区一直积极开展和推进"三社联动"工作，发掘居民领袖人物，培育和引进社会组织，群策群力，提升社区公益服务水平，为居民服务，为社区减负。2018年，社区成立了10支志愿者服务队，他们分别是"青春辉映"文艺志愿服务队、"唱响未来"红歌志愿服务队、"夕阳红"乐龄志愿服务队、"七彩阳光"青少年志愿服务队、"蒲公英"亲子志愿服务队、"红徽"党员志愿服务队、"巾帼"妇女志愿服务队、"我和你"心理咨询志愿服务队、"金管家"志愿服务队、"和邻法官"调解志愿服务队。

整合了社区、共建单位党员服务资源，成立以社区党员、在职党员为代表的"红辉"党员志愿者服务队，发挥党员先锋模范作用，为居民提供志愿者服务。志愿者们为小区居民提供理发、磨剪刀、心理咨询、法律援助等志愿者服务，参加洁美家园、绿色环保宣传等活动，组织开展"我是河小二"五水共治剿灭劣V类水志愿服务。

第三节　不忘初心传承，书写红色文化新篇章

　　"让我们共同祝愿，祝愿我们伟大的祖国——风调雨顺，繁荣昌盛！歌唱我和我的祖国。让我们以舞抒情，感恩我们勇敢的军人，带着自豪感跳一曲《咱当兵的人》。"2018年6月27日晚上，在休博园社区里，正在举行"不忘初心，牢记使命"歌舞献礼建党节活动，宣传党和国家革命、建设、改革事业，感受党从最初成立到发展壮大的光辉历程，抒

重走长征路亲子体验活动

重走长征路亲子体验活动

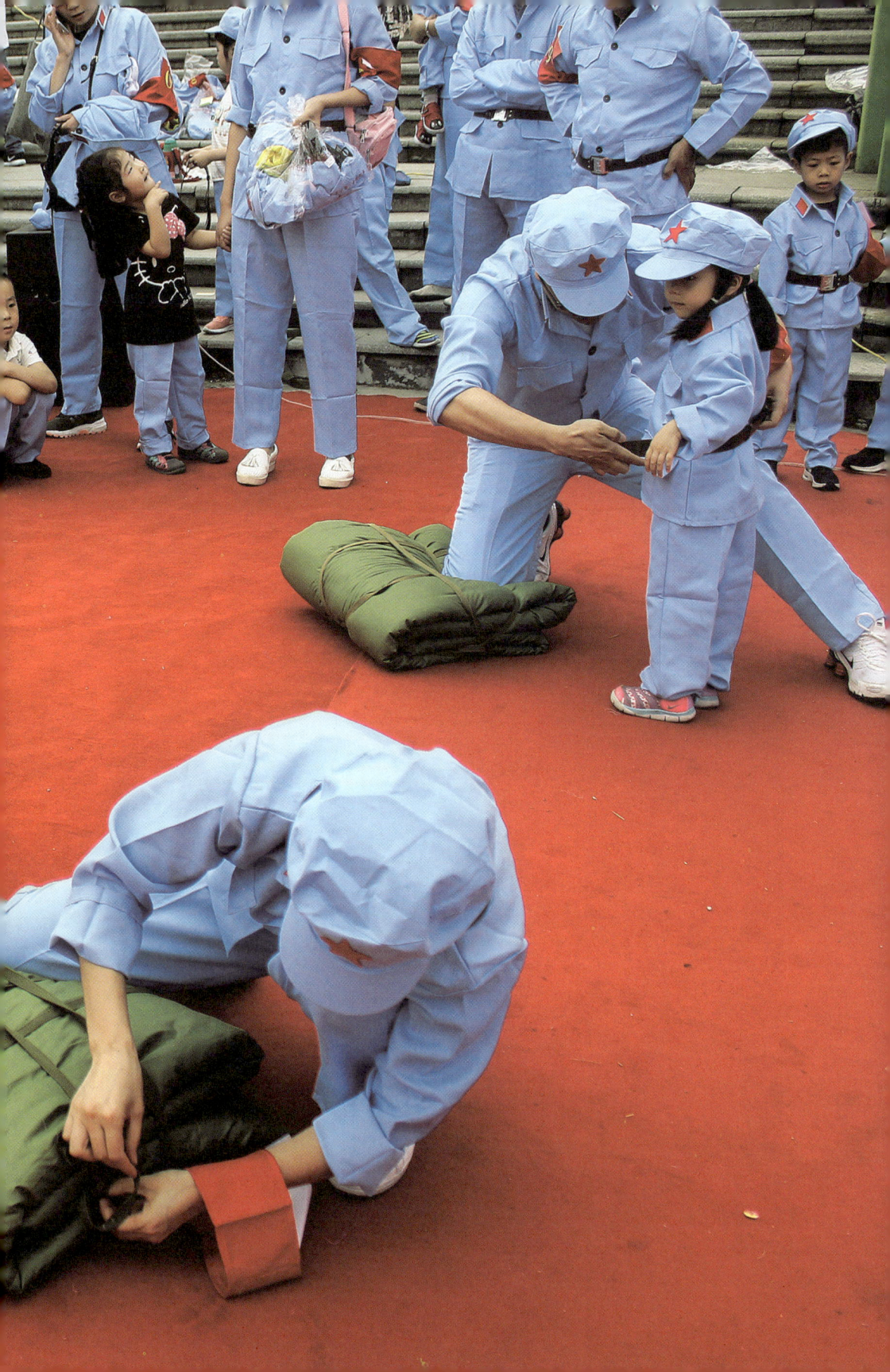

重走长征路亲子体验活动

发社区居民热爱党、热爱祖国的美好情感。以歌赞中国，以舞画中国，重温革命年代。

这也是"重温红色经典"休博园社区第四届文化艺术节的闭幕式，包含了"不忘初心，砥砺前行"亲子体验长征路、"不忘初心，忆苦思甜"再品红军野菜饭、"不忘初心，服务群众"红徽党员志愿汇等活动，许多居民至今记忆犹新。

2019年8月1日，为迎接第92个建军节，重温历史，休博园社区开展了"庆八一，唱红歌，不忘初心，牢记使命"的主题活动，还通过座谈会的形式，让老兵们共聚一堂，庆祝这一重大节日。

会议中，大家畅所欲言，老兵们一起回忆了在部队的难忘岁月，重温了不服输、不怕苦、敢打敢拼的革命精神，说到动情处，有人含热泪，有人歌一曲，有人慷慨激昂，滔滔不绝。大家纷纷表示祖国越来越强大了，内心无比骄傲自豪，如今更应该铭记革命精神，不忘初心，牢记使命，立足工作岗位，过好退休生活，学习党的理论和习总书记的讲话，多参与社区建设，为社会发展贡献自己的力量。

随后，大家一起点燃标有"92"字样的蛋糕，缅怀为祖国抛头颅、洒热血的一代代英雄们，不忘初心，传承精神。

事实上，这是休博园社区传承红色文化基因，丰富文化家园内涵的缩影。

多年来，休博园社区将红色文化基因传承注入社区文化家园中，继承和发扬红色精神，培育社区居民爱国情怀，构建和谐社会。打造了红色"市民文化讲堂"，举办红色专题讲座、看红色电影、讲红色故事。鼓励"社区文化社团"开展各类红色文化活动，阅读红色经典文学著作、唱红歌、学党史、参观红色文化展览馆等。并将红色文化融入"社

品红军餐

区文化品牌"建设，举办了以"重温红色经典"为主题的第四届文化艺术节。培育红色"社区公益服务组织"，成立红徽党员志愿者服务队。新建一条红色文化长廊，弘扬长征精神、爱国精神、红船精神，传扬红色励志格言等红色文化，并在"网络文化平台"宣传红色文化。

献舞红军

第四节　多元互动，营造亲子文化新篇章

"一老一小"是每个社区服务的主要群体。

2018年4月29日上午10点，休博园社区室外小广场上聚集了20多组家庭一起参加"2人3足""我逗你笑""亲子双人跳绳""数字游戏"等游戏活动，大家玩得特别开心。

正值五一小长假，为了不断丰富社区居民的生活，在杭州妇女活动中心家园的大力支持下，休博园社区联合余杭家庭教育指导中心共同举办了一次"爱在脚下跳出来"主题亲子活动。

家长们纷纷表示这是一场很有意义的活动，不仅丰富了孩子的假期生活，而且促进了家长与孩子之间的互动交流，让孩子学会正确面对胜利与失败。

几天后的5月4日，休博园社区内热闹非凡。休博园社区联合江干区金秋服务中心共同举办了一次饼干制作主题亲子活动。休博园社区群英阁里聚集了20组家庭。

活动中，糕点老师向参加活动的家庭教授制作小饼干的流程。她一边示范一边耐心讲解，并分享了融黄油、烤箱使用技巧。大家听得非常认真，不时热烈讨论。同时，每个家庭都一步一步地紧跟着老师的步骤有条不紊地制作属于自己的小饼干。在烘烤饼干的过程中，大家一起做小游戏，每个人都笑逐颜开。16分钟之后，饼干新鲜出炉，一时间香气四溢，让人垂涎欲滴，大家一起分享了这份美味。这次活动，不仅增长了烘焙知识，体验了烘焙的乐趣，而且锻炼了小朋友的动手能力。

"爱在脚下跳出来"主题亲子活动

　　事实上，这样的活动在休博园已经成为常态。当今社会，生活节奏越来越快，毋庸置疑，亲子活动有助于增进孩子与家长之间的沟通，每一次交流都是为感情的提升添砖加瓦。

　　在当今的生活环境下，家长们忙于工作和赚钱，很少把精力放在和孩子的沟通交流上面，与孩子之间一起做游戏的时间也在不断减少。家长和孩子之间多一些交流，多一些欢乐，也可以让父母在忙碌的工作闲暇找到些许的宁静。家庭是社会最小的细胞，也是社会稳定的基础。社区将亲子活动常态化，无论对个人还是社会，都是一份增加幸福感的助力。

第五节　增进情感，丰富和邻文化新篇章

俗话说，远亲不如近邻。社区生活的和乐美满，离不开邻里的和谐相处。而这种相处，已然成为一种文化。

又到清明，又是一个艾草碧绿、青团飘香的时节。"老韩私房菜"又"开张"啦！2019年4月3日，清明前夕，休博园社区居民开展了"清明品青团，温情暖邻里"活动。

青团是一款天然绿色的健康小吃，如何在家就能吃到新鲜的青团呢？活动当天，韩师傅放出了自己的大招：加水、放盐、打青汁、揉面、搓圆……豆沙放入粉团中，搓圆，放入垫有粽叶的蒸屉里，蒸20分

老韩家青团

学做青团

钟左右。

　　不一会儿，清香扑鼻的青团出锅了，一个个油绿如玉，糯韧绵软，阿姨们对自己的作品都颇为满意，松软的皮儿加上甜而不腻的豆沙馅，带有清淡艾草香气，香糯可口。大家纷纷表示要回家自己试着做青团，过一个不一样的清明节。此次活动不仅让居民们了解了清明的习俗与知识，也进一步增进了邻里之间的情谊，大大提升了社区文明建设，正确引导居民绿色、健康的生活理念。

元宵舞会、春节包饺子、七一广场舞大赛、聚邻茶会、百家宴，事实上，每到传统节日或者纪念日，社区都会举行或大或小的邻里活动。

当今社会，生活节奏越来越快。今天，鳞次栉比的社区大楼，让邻里关系涂上了水泥般冰冷的色彩，小国寡民时代"鸡犬之声相闻，老死不相往来"的现象，到了今天，则变成"门铃之声叮咚，对门不知是谁"的隔膜，有的人几年为邻，却互不来往。社区通过各种邻里活动，让居民们相互认识、深入了解、加强沟通、密切关系，这在高楼林立的城市里，让人觉得特别温暖，特别需要这样的活动来打破僵局、实现和谐，为社区注入新的活力，并为社区精神文明的创建，开拓出新的空间来。

美国人本主义心理学家罗杰斯说，如果我能将自己的内心实在地传达给别人，从而与对方建立更加密切的"余汝关系"，我就感到非常高兴。可见，各种方兴未艾的邻里活动，正是建立"余汝关系"的极佳途径。从相识到相知、从相知到相融、从相融到相亲，才能让社区变成温馨的大家庭。

第三章　以文化休闲为核心，兼容创新和品牌

着眼于生活本身，是为了让我们的生活更美好。

休博园社区文化家园的建设，形式多样、百花齐放，然而能够让人记住的地方，是社区对居民生活理念的创新，是对生活的那种关切。

休博园社区文化家园的建设，有多样性和不断提升的过程。因此，以文化生活作为核心的休博园社区，作为一个文化家园发展模式，一定兼容了创新和品牌。

作为一个集产业、商业和生活于一体的现代化社区，它有自己的居民构成，有独特的文化传承，这就需要管理者在保持特色的前提下，结合实践努力创新，"伴你成长"家庭教育咨询室、社区文化艺术节、"一老一小"别具一格的文化活动、针对"小候鸟"们的假日学校……这些耳熟能详的品牌，都是休博园社区的探索和创新，这些才是文化生活的内生动力，也是居民幸福生活的内在要素。

水城风景

第一节　贴心服务聚民意，真情奉献暖人心
——休博园社区党群服务中心

休博园社区智炫休博党群服务中心现有工作人员9名，其中党员6名，服务范围为6个住宅小区，1.34平方公里，主要服务对象为社区内61名在册党员、103名在职党员和4398名常住居民。

近年来，党群服务中心紧紧围绕城市有机更新、产业转型升级、社会文明祥和三条主线，进一步深化社区党建工作，强化为党员和群众服务的意识。

"软硬兼施"，服务功能再提升

休博园社区智炫休博党群服务中心在成立之初，工作人员通过对817户家庭走访调研，了解党员和群众的需求，并据此在党群服务中心分别设置了生活便民服务区域、便民办事服务区域、智炫休博生活驿站，智炫休博生活驿站又分设群英阁党建活动中心、书之海家风家训馆、品茗轩聚邻茶社、赤子汇议事中心等8个工作室，为更好地服务党员和群众打下了良好的基础。

除了在硬件设施上进行完善外，还结合当前党建工作的重点和"互联网+"理念，全面提升党群服务中心的软件实力。主要是依托休博园智慧社区信息平台，实现便民信息发布、办事流程查询等功能，实施"最多跑一次"改革，切实做到"信息多跑路、群众少跑腿"。

区村社监察联络员培训班

"以人为本"，树党员模范引领

作为党群服务中心，首先加强党员的教育和管理，打造思想上、行动上具有示范作用的党员先锋队伍。一是严格按照上级党委要求开展好党员的政治理论学习，推进"两学一做"学习教育常态化、制度化，落实"三会一课"制度，行动先从"正"思开始。二是注重发挥党员的先锋模范作用，通过"民情双访""网格走访"等工作，挖掘出具有特长和志愿奉献的韩兴昌、谢炜籹、王立明等党员，并发挥他们的模范引领作用，在2017年成立红徽党员志愿服务队，积极为居民提供服务。该活动参与人数已累计432人次。

"三社联动"，党员先锋在行动

为更好地服务党员和群众，做好基层党建的服务工作，使服务更多元，党群服务中心积极开展和推进"三社联动"工作，挖掘和培养社会组织中党员骨干力量，并以他们为主要负责人成立社区社会组织，至今已培育和发展28个，在区民政局登记注册2个，备案15个。

2019年又特别推出"智炫休博"项目，在全体工作人员努力下，新成立了10支志愿者服务队，对日常志愿者活动管理登记，并以积分形式兑换物品和服务进行激励，截至当前服务已达523次。同时，每季度最后一个月的15日，开展一次主题党日大型广场志愿者服务活动，服务项目贴近百姓生活，服务人群达840人。

"红色文化"，弘扬精神促服务

实现中华民族伟大复兴是近代以来中华民族最伟大的梦想，我们要学习和弘扬中华民族精神，党群服务中心工作人员结合传统节日开展丰富的文化活动，并将民族精神、红色教育融入其中。例如，举办红色专题讲座、观看红色电影、向党员发放网格观察员的聘书，举办"百家助廉，欢度佳节——迎新春年俗活动"，将清廉竹和新春祝福送至百户党员家庭，举行党员政治生日活动，重温入党誓词、唱红歌庆政治生日、参观中国水利博物馆，以增强各位党员的红色文化仪式感，从而牢记使命，不忘初心。

党群服务中心的日常运行和管理，在6名党员的带领下，坚持服务群众，想群众之所想，急群众之所急，把党群服务中心建设作为社区建设和服务党员、群众的重要平台，以实际行动践行"贴心服务聚民意，真情奉献暖人心"这一服务理念，努力打造具有示范性的党群服务中心。

第二节 在生活小细节中，多角度开创
妇女工作新局面

初春季节，乍暖还寒。2019年的妇女节，休博园社区的"女神"们迎来了一次印象深刻的节日。

"家里空间挺大的，也对家里的物品进行了细化分类，但还是很乱，很难打理，怎么办？""如何把快递盒变成一个个高颜值的收纳箱？"妇女节当日，社区邀请了国际注册高级礼仪培训师、世博会EXPO培训师、杭州G20培训师路俊为女性朋友们讲解家庭衣服整理妙招。

带着这些问题，路老师为大家详细讲解了衬衫、棉衣等不同衣服的折叠方法，并进行了现场演示，居民们也"亲自上阵"，用自己带来的衣服认真地学习起来。"啊，我学会了，原来这么简单！"不一会儿，就传来了一位阿姨的惊呼声。

对于喜欢网购的家庭来说，难免会遗留下来很多快递盒，对于这些小物件，路老师也传授了它们的大用处，只需要一把剪刀，一卷胶带纸，短短两分钟，这些快递盒就变成了一个个高颜值的收纳箱。在场的女性朋友无不感叹，原来随手就扔掉的盒子有大用途！

为了更好地为居民服务，丰富社区妇女的生活，休博园社区邀请社会组织负责人和居民骨干进行了题为"提升社区女性社会服务软实力"的茶话会，当天还举办了庆"三八"女性增能活动。

茶话会现场，各组织负责人和居民骨干畅所欲言，充分就如何管

巾帼志愿者洁美家园

农家生活一日游

才艺秀

农家生活一日游

理团队以及增加社工社会服务能力的问题发表了自己的意见，并表达了对社区工作的认可。其中一位社会组织负责人说，自己待过很多地方，参加过很多社会组织，但最喜欢的还是休博园社区。同时，也有居民提出，希望社区进一步加强对社会组织的宣传，让更多的人参与进来。

事实上，休博园社区妇联在原有党建带妇建的基础上，引入专业社会工作理念，使社区妇女工作更富有活力。例如，2015年3月，社区招募小区内15名全职妇女，成立"优生活女性小组"，开展烘焙厨艺、清明果的制作、编织披肩、农家生活体验等活动，提倡品质生活，提升个人价值。活动后，社区居民"领袖"人物逐步确立，已成立"小薇工作室"，定期为女性朋友进行心理咨询，缓解心理压力。同时，社区积极配合上级妇联工作，形成党建带妇建、社区居民齐参与的创新工作格局，充分调动妇女参与社区建设的积极性。

在硬件上，为更好地开展妇女儿童工作，社区投入二百余万元，打造智炫生活亲子乐园，面积近430平方米，展项共计六十余件，其中的地震小屋、漫游湘湖、垃圾分类、太阳能汽车等，都和家庭生活息息相关。同时，社区还开展了培养少年儿童思想道德教育的亲子活动，让孩子们在良好的环境中健康成长。

为更好地开展社区妇联工作，提升对蓝领工人的教育、管理、服务，倡导社区与居民、蓝领群体成为一个共同体，社区开展了企业妇女儿童工作，成立"蓝领驿站"，开设"雏鹰乐园"。"蓝领驿站"依托社区现有的活动场所，开展会议培训、谈心谈话、文化娱乐、宣传展示等工作。暑期开办"雏鹰乐园"，开展知识讲座、在学英语中游萧山、"思创"磁力片体验、一起绘休博等活动，为企业员工减轻负担，让员工子女有一个充实的假期，从而感受到社区这个大家庭的关心与关爱。

创建平安家庭培训活动

第三节　助力平安建设，共享和谐家园

2019年3月20日，萧山区妇联和区委平安办联合举办的"'平安家庭助力平安村（社区）创建'启动仪式暨'平安家庭'培训基地揭牌"活动在城厢街道休博园社区举行，倡议全区广大家庭踊跃参与"平安家庭助力平安村（社区）创建"活动，并且努力做到：知规懂法，建守法之家；弘扬美德，建和谐之家；崇尚科学，建文明之家；加强防范，建安全之家；身体力行，建环保之家；热心公益，建爱心之家。

自此，平安家庭培训基地落户休博园社区，承担了为全区各镇街（平台、场）平安家庭培训的任务。

2019年4月12日下午，由萧山区妇联牵头，休博园社区

承办，区平安家庭培训基地迎来首批参访学员——楼塔镇领导及社区书记、妇女主任、治保主任。

在培训会上，警官楼飞华的法制安全课秉承"看案例、听故事、启思维、悟人生"的理念，以"正党风、躬自身、明德教、固法本、谨廉行、养操守、凛正气、做表率"等八点要求作为授课切入点，从"珍惜当下远离违法犯罪，自我保护莫尝犯罪苦果，引以为戒醒悟感悟觉悟"三大具体方面，以实际罪犯事例进行分析，同时结合当前在看守所羁押人员中的典型案例，用生动的语言、翔实的文字资料、真实的案例，和大家一起回顾了一些典型案例，课后强调两点建议、十句警训、五十六字箴言，无一不具有极强的鞭策意义，让在场的每一位受教者大感获益匪浅。

创建平安家庭培训活动

事实上，休博园社区在更早的时期就不断在社区强调平安创建的意识。2017年8月，休博园社区举办了"平安创建小手拉大手"安全教育活动。为进一步加强平安家庭建设、增强社区青少年和儿童的安全意识，增长安全知识，此次活动包括参观休博园消防安全馆、观看安全视频和平安知识抢答环节，既宣传了常见的安全知识，又最大程度吸引孩子们的注意力，提高了参与度，更好地保证活动的效果。

众所周知，家庭是社会的最小组成单位，唯有家家平安，才能助力创建平安村（社区）。为了贯彻习近平总书记"注重家庭、注重家教、注重家风"[1]的要求，培训以"安全、有序、和谐、文明"为主题，开展群众易接受、喜参与的宣传培训活动，从而达到提升家庭成员对"平安萧山"的知晓率、参与率、满意率的目的。

打破传统的说教模式，平安家庭培训采用专题宣传片、情景模拟、实物演示、模型展览等多样模式向学员们介绍"七无五防"内容，在体验中掌握如何做到无事故、无犯罪、无赌博、无毒品、无邪教、无纠纷、无暴力，在模拟中了解如何防拐卖、防盗窃、防抢劫、防艾滋、防隐患。参加培训的学员纷纷表示精彩的课堂内容、专业的讲师阵容给自己留下了深刻的印象。

不少学员表态：回去后会将自己在培训基地所学所看的知识讲述给周围的家人朋友们，加大"平安家庭"的宣传力度，倡导家家户户践行"平安家庭"，营造广大群众争做平安宣传员的良好社会氛围，以"个人小家平安"汇聚"社会大家和谐"。

---

[1] 李智勇：《做培育良好家风的表率——深入学习贯彻习近平同志系列重要讲话精神》，《人民日报》，2016年7月25日，第7版。

第四节　清风议事下的廉治休博

周卓英是一个有着三十多年党龄的老党员，加入休博园社区支部后，她感到这里社区党支部学习氛围很浓，党组织的号召力和凝聚力都很强。特别是在G20杭州峰会期间，社区党支部配合"三改一拆"和"五水共治"，以及湘湖周边环境的治理等方面做了大量的工作。

社区党组织长期以来定期召开党员学习活动，要求党员自觉接受各项监督，踏踏实实干事，清清白白做人。社区支部在书记的带领下牢固

走访

61

在职党员助困

树立立党为公、勤政为民信念，做到为群众办好事办实事，以良好的工作业绩回报社会，回报每一位社区居民。社区的环境治理、社区小菜场的建立和休博园社区卫生院的筹建等，让居民感到社区环境更美了，生活更方便了。

周卓英说她是休博铁军中的一员，为自己是萧山人感到自豪，她将和大家一起为萧山的再次腾飞，尽微薄之力。

熟悉社区的人都知道，在党政服务中心，挂着这样一份清廉公约：

休博园社区清廉公约

遵章守纪，明礼诚信；

严于律己，勤勉敬业；

清正廉洁，弘扬正气；

防微杜渐，警钟长鸣；

倾听民意，合理诉求；

善于观察，勇于指正；

家庭和睦，家风优良；

相互监督，时刻提醒；

邻里互助，团结友爱；

清廉休博，你我同行。

夜巡

几年来，"清廉"一直是休博园社区最宝贵的品质，是努力达到的方向。

休博园社区分别于2017年6月设立掌上清廉"休博小荷"和2018年8月成立清风议事厅。根据目前社区智能手机使用普遍的现状，将党风廉政建设纳入手机网络中，党员居民可以随时通过手机实现廉政知识的学习以及对社区事务的监督。而清风议事厅在清风议事机制的主导下开展，即在每月30日，由社区、物业、居民和议题相关职能部门的工作人员对小区里的事务进行讨论。做到大事议一议，小事聊一聊，有错提提醒，有功好好评。并配套打造清心咖吧活动室，将"提、议、评"的内容以便利贴的形式在活动室墙面公布。

掌上清廉和清风议事的推进，充分调动了居民群众参与社区建设的积极性，培养了居民的主人翁意识，有效监督社区干部"清廉干事"，助推"清廉社区"建设。

掌上清廉，智慧休博，清廉社区建设"智"为先

"掌上清廉"是为方便年轻群体、上班一族、高学历人群和基层党员实时监管、自主发布、定向服务而推出的全程化、全域化、全功能化、全透明化的学习交流掌上平台。该平台设有"微动休博"微信公众号和"微动休博"党员微信群。

"微动休博"微信公众号，主要是面向社区居民，进行活动推送、公告公示、廉政发布、意见反馈等。该公众号于2017年增设了"休博小荷"栏目，不定期发布如廉政广播剧、清廉书画展、清心家训等"清风睦邻"清廉文化信息。在线开展的多种清廉文化活动，既为社区争创杭州市五星级文化家园赢得了优势，也使社区党员在思想、行为等方面潜

做廉灯

写廉对

送廉竹

移默化地受到了教育。

2018年底和2019年4月，在"休博小荷"栏目内，增设了社区小微权力清单和每一期社区抽样监察情况公示等内容，使社区居民对监督什么、如何监督有了更明确的指向。居民对社区办事流程一旦有疑惑，只要点开"休博小荷"，逐一对照小微权力清单，就可以准确查找事项流程。同时，"休博小荷"的开设，也便于居民了解社区业务办理的相关事项，结合微信咨询，就可以事先清楚所需资料，基本实现了社区"最多跑一次"目标。

"微动休博"党员微信群，是社区党员进行日常学习交流的掌上专用平台。该平台在2018年底推出了"掌上清廉""每日一课"栏目，由社区党组织专职人员每天发布廉政小知识，社区在册党员利用闲暇时间，进行每天不少于5分钟的线上点击阅读。目前，借助微信传播速度快、使用频率高的特性，已成功将党员线上教育、线下管理与居民服务监督、互动交流进行了有机融合，微信群也成了社区服务居民与居民自管自治必不可少的日常工具。

通过"掌上清廉"，社区党员可以随时随地用手机联系到社区党组织，并与社区党组织实时对话。而社区党组织也可通过微信公众号、微信群等，向社区党员推送廉政知识及最新党组织信息。由此可解决年轻党员因日常工作繁忙，容易忽略思想政治学习的问题。

清风议事，廉治休博，清廉社区建设"议"为基

目前在休博园社区，每一位居民对于小区里的大小事务都可以提出自己的想法，并将这一想法在每月30日的清风议事会上提出，以供大家来探讨。

2019年4月，社区成立了一支"党员+居民+社工"的清廉网格观察员队伍，网格观察员也受邀列席清风议事会进行议事。因此，每个月的清风议事会不乏网格员的声音。

比如，小区的亭子常年失修，油漆剥落，需要整修；或者社区活动室要增设老年人英语学习角；再或者小区出入口车流密集，需要设置安全提示牌；等等。这类提升居民生活幸福感的议案每个月都会产生。居民和网格员不仅参与了这些事情讨论、决定的过程，还在解决问题中为社区进一步出谋划策，实现了社区事务处理上的阳光透明，营造了社区的清廉氛围。

清风议事的基础在议，精髓则在共同参与，形成共建共享共治的基

清荷灯会

清荷灯会

层治理机制，助力清廉社区建设方方面面。我们社区虽小却五脏俱全，权力也不分大小，所以唯有把制度规矩挺在前，人人成为小微权力的监督者和规范者，才能让清廉社区建设有血有肉又接地气。

自城厢街道纪工委将小微权力清单在休博园社区推行以来，我们的清风议事会议的议程中就加入了"小微权力月度运行概况"。在会上，参会人员根据微信公众号"休博小荷"里的小微权力公示情况，将这一个月来社区干部是否严明纪律，社区里的扶贫帮困是否公平公正，计划生育公益金等补助的领取是否符合国家规定，等等，一一加以监督。

社区干部做得好不好，群众说了算；社区工作人员满意度测评，群众是打分员。2018年底的清风议事会上有居民提出，因为居民前来办事时分管对口工作的社工请假，这造成居民空跑、多跑，有违最多跑一次改革精神。于是，"全科社工"在我们社区率先推行，让来办事的群众一进社区大厅就有值班的全科社工接待，服务对象的需求不再分条线和是否有对口的工作人员，在全科社工这里就是一窗式受理，一口清导办。

此外，休博园社区还设置了党性体检工作室和党风培训室，定期联合"我和你心理咨询室"给社区干部和社区党员进行政治心态评估，对体检不合格的党员进行谈心谈话和初心康复。同时，在党风培训室定期针对党员干部，结合近期政治心态评估情况来开展党性培训课程，从而有效地清除了党员干部的思想垃圾，唤醒入党初心，提升党性修养。

第五节　守护每一个"小候鸟"的成长和教育

每到暑假，"小候鸟"的去处是在杭务工人员的一大心病。

在休博园社区就有这样一群活泼可爱的孩子，他们千里迢迢来到父母身边，一起享受天伦之乐，而他们的父母大多是社区辖区单位杭州乐园的员工，平时工作繁忙，无暇长时间照顾孩子们的学习和生活。如今，这群"小候鸟"有了一个又能学习又能玩的乐园，这也解决了父母们的后顾之忧。

从2018年暑假起，休博园社区联合杭州乐园共同举办暑期"小候鸟"假日学校，开启了他们快乐的暑期之行。

"小候鸟"享受日托福利

2018年8月1日，是高桥小学401班与休博园"小候鸟"联谊的日子。8点30分正式开始上课，课堂上采用"击鼓传花"的游戏方式，被选中者回答问题可以得到奖励，其他小朋友抢答也能获得奖励，热闹的课堂里孩子们争先恐后地回答问题。

10点30分，结束课程的小朋友们来到智炫休博生活科技馆，由专人讲解新科技。11点30分，"小候鸟"们在社区里一同进餐，这是由杭州乐园餐厅专门制作的营养午餐，荤素搭配，营养均衡。然后，"小候鸟"在图书馆里阅读书籍。12点30分，"小候鸟"们在社区活动中心开始午休。下午的课程有手工剪纸、观影活动。一直到下午5点以后，爸爸妈妈来接他们，一天的活动便结束了。

"小候鸟"假日学校

参观科技馆

　　值得一提的是，在休博园社区参加"小候鸟"假日学校的所有项目，包括活动材料、趣味课程及营养午餐，全部都是免费的，从上午8点开始到下午5点家长将孩子接走，孩子们全程享受"日托"福利。并且，"小候鸟"假日学校采取全天制的办学形式，双休日也坚持开班。

　　据了解，休博园社区"小候鸟"假日学校的学员都是杭州乐园在职员工的孩子。为了让孩子们有一个快乐的假期，休博园社区与杭州乐园人事部，共同举办暑期"小候鸟"假日学校。但凡家长提出申请，均可以留在社区的生活驿站里，受到精心照看。

　　休博园社区开设的假日学校受到了杭州乐园在职员工及孩子的喜欢，也引起了不少人的关注，更有一些社区前来取经学习，这样的"候鸟学校"是否能"复制粘贴"过去，造福更多的"小候鸟"。

　　2019年的暑假，"小候鸟"假日学校再次启动。7月8日，在休博

"小候鸟"们在做手工

社区老党员给"小候鸟"上课

园社区群英阁举行了开班仪式。

科技夏令营、兴趣体验课、社区家庭工作坊、英语时间、国学、卡通漫画、科学实验、魔术、诗词大会、九木书画、儿童画、恐龙大世界、模型制作……相比之前，课程内容更丰富也更有趣。

暑期两个月，休博园社区"小候鸟"假日学校全方位打造的"小候鸟"幸福成长项目，是孩子们的乐园、外来务工人员的慰藉。

以开放的胸襟接纳、守护好每一个"小候鸟"

杭州的发展能有今天的速度和成绩，离不开这些勤劳的务工人员的贡献和智慧，但是由于社会发展存在不完善的地方和家庭条件的限制，

"小候鸟"的父母们常常感到心有余而力不足。社区作为公益性服务力量，为"小候鸟"提供了托管、培训、教育和社会实践等服务，为社会的和谐稳定打下良好的基础。家长们纷纷表示，假日学校不仅帮他们解决了一个大难题，让孩子能够拥有一个有意义的暑假，更让他们在杭州深切体会到家一般的归属感，从而对自己能为这个城市的发展贡献力量感到十分骄傲。

所谓教育强国，我们应该守护每一个孩子的成长和教育，让他们拥有良好的学习和活动空间，不因家庭的不同而享受不到应有的公共服务资源。对于这群特殊的"小候鸟"，我们需要投入更多的关注、关爱，让城市以更开放的胸襟接纳、欢迎他们，让他们感受到城市除了车水马龙的繁华喧嚣、高楼大厦的兀自林立，还有人与人的热心肠和心贴心的温暖情意。关爱"小候鸟"的善举不在一劳永逸，而在点点滴滴，每个人都义不容辞，需要社会各方爱心接力。

第六节　社区艺术节，点亮居民们的文化生活

一个社区，有自己的艺术节，是件了不起的事情。

2019年7月1日晚上19点30分，休博园社区在文化广场举办"幸福家：我和我的祖国共同成长"文艺晚会，这也是社区"清廉书家风，礼

2019年晚会

2019年晚会

赞新中国"第五届文化艺术节活动的系列活动之一。

舞蹈、合唱、儿童街舞、朗诵、越剧、旗袍秀……阳春白雪、下里巴人，晚会的规模和参与度一点也不比春晚差。演出现场气氛热烈，场下观众座无虚席，掌声、欢呼声响彻演出全程。

晚会展示了社区老年人老有所养、老有所乐的精神状态。多才多艺的社区居民你方唱罢我登场，表演了高水平的独唱、旗袍秀、越剧、童声独唱、儿童街舞等一个个精彩的节目，将晚会现场气氛推向一个个高潮。内容丰富、表演精彩的节目给社区观众们带来惊喜不断，演出活动得到了居民的积极参与和高度赞扬。

艺术节为繁荣社区文化，提升社区品位，丰富居民精神文化生活，使邻里之间通过活动相识、相知、相助，营造了以和为贵、以德为邻、以邻为伴、与邻为善的和谐氛围。

这一社区最盛大的活动之一，休博园社区已经连续举办了五年。

2015年6月6日，休博园社区"智炫休博"第一届文化艺术节正式启动，艺术节的第一项活动"智炫休博淘宝街"便吸引了不少居民朋友参与。6月10日上午，以"红色党建　蓝领驿站"为主题的"奔跑吧，驿家儿女"智炫休博竞技赛在休博园社区热闹上演。6月19日上午，休博园社区三楼活动室里欢声笑语，暖意洋洋。作为社区首届文化艺术节

党建晚会

才艺秀

竞技赛

淘宝街

系列活动之一的智炫休博书画展、才艺展正在这里举行。活动刚好撞上端午佳节，居民们一边品着书画，一边拼着才艺，最后还其乐融融地裹起了香粽，度过了一个不一般的传统节日。其中孝道书画展上的书画作品都是出自农民书画协会的老师之手，作品种类繁多，书法类有楷书、行书、草书、隶书等，绘画类有素描、水彩画、油画等，统统都传递着孝道文化。6月30日晚，"'智炫休博欢乐夜'暨庆祝建党94周年文艺晚会"在威尼斯水城圣马可广场上热闹举行。

"社区淘宝街""蓝领竞技赛""孝道书画展""居民才艺秀"和"邻里欢乐夜"五大系列活动，组成了为期一个月的第一届文化艺术节。

社区文化建设是和谐社区建设的重要内容，是城市文明、居民安康、社会稳定的重要标志。多年来，休博园社区艺术节开展了一系列丰富多彩的群众文化活动，用健康向上丰富多彩的社会主义文化占领基层文化阵地，营造了良好的社区文化氛围。参加人数众多，调动了居民们的参与度。不少居民表示，这样热爱生活、情趣高雅的活动，为社区居民提供了一个增进了解、联络感情、融洽邻里关系的重要平台。

第七节　"伴你成长"，呵护青少年健康成长

家庭教育、学校教育和社会教育并称为教育的三大支柱。习近平总书记也强调："我们都要重视家庭建设，注重家庭、注重家教、注重家风。"[1]儿童青少年时期是成长的关键时期。

2018年以来，休博园社区引进"伴你成长"家庭教育咨询服务项目，聚焦儿童青少年群体成长中的问题，关注儿童青少年心理健康和家庭成长环境，同时也教育家长如何与孩子更好地沟通。

心理咨询服务中心驻点，关注青少年成长

小龙是一名三年级学生，自己不爱学习，还经常破坏课堂纪律，让老师很是头疼。他在家也不听话，为了孩子的事，夫妻俩经常吵架。无奈之下，小龙的妈妈拨通了"我和你"心理咨询服务热线，约好带孩子上门寻求帮助。

经过几次心理治疗，小龙渐渐改掉了坏习惯，学习成绩也有所提升，与父母的关系也越来越融洽。

无独有偶，小楠是家里的老大，2019年5月随着妹妹的出生，他觉得妈妈没有像以前那样关心自己，整天发脾气、摔东西。妈妈因为照顾小女儿也出现了焦躁情绪，对小楠直接打骂，造成孩子离家出走。丈夫知道后，不仅没有安慰妻子，还埋怨指责妻子，夫妻俩为此闹起了离婚。

---

[1]　李智勇：《做培育良好家风的表率——深入学习贯彻习近平同志系列重要讲话精神》，《人民日报》，2016年7月25日，第7版。

"我和你心理咨询服务中心"沙盘游戏个案分析

　　休博园社区得知这一情况后，迅速找回小楠，并第一时间同驻点在社区的"我和你心理咨询服务中心"对接，为这家人进行心理疏导。经过一段时间的心理跟踪疏导，丈夫承担起照顾妻子和陪伴儿子的责任，妻子也开始关心小楠，小楠则会帮着妈妈照顾妹妹，生活又回到了正轨。

　　这是"伴你成长"家庭教育咨询服务项目的两个案例。据业内专家分析，儿童青少年时期是成长的关键期，孩子开始注重隐私，不愿与父母交流，加上学习上的压力，生活上、情感上烦恼增多，孩子的行为、情绪都会发生变化，出现成长的烦恼，如注意力不集中、缺乏时间观

"我和你心理咨询服务中心"咨询师督导团

念、多动、逆反、沉默寡言、易冲动、早恋、考试焦虑、疯狂追星、沉迷游戏等。但多数家长不理解孩子行为、情绪背后的原因，不能进行有效沟通。

针对这一普遍的社会现象，休博园社区联合"我和你心理咨询服务中心"，在第二届公益创投大赛上推出了"伴你成长"家庭教育咨询服务项目，集结专业社会工作者、教育者、心理咨询师等力量，多方面助力家庭教育，共同陪伴孩子健康成长。

软硬结合，开启未成年人健康成长新征程

在硬件上，休博园社区打造多功能专属空间。例如，打造社区未成年人活动空间——智炫休博生活驿站，面积1200多平方米，总投入300多万元，分设乐之家、书之海等8个工作室。在此开展亲子教育、技能培训、普法活动，成为未成年人帮教活动场所。

其中未来星生活科技馆，430平方米，有器具60多件，投入210万元，面向萧山区开放，目前已接待7154人次，让未成年人在互动中学科学。

E智荟设有专业心理测评室、沙盘游戏室、心理咨询访谈室、培训室，着力打造一个护航青少年成长的心理服务平台。

在软件上，项目在社区党建的引领、社区团建的带领下，采取"1+专+N"的辅导老师制度，"1"是由社区团书记专职负责，"专"是专业老师（心理咨询师、检察官、专职教师、社工等），"N"是有特长的家长志愿者，形成以团带队，协力参与观护帮教工作，"教育、感化、挽救"涉罪未成年人，同时开展各类法治宣传和预防工作，防治结合，预防为主，创新工作新格局。

现有专职工作人员国家二级、三级心理咨询师各2名、沙盘游戏分析师2名、社会工作师6名。另有多年教学经验和深谙青少年身心发展特点的社工、律师、教师、心理咨询师等专业力量，从多方面助力未成年人观护帮教工作和常态化普法宣传教育工作。

项目启动后，咨询服务中心开通了成长服务热线，对15户家庭提供个性化的咨询服务；建立微信群，为家长提供问题交流、经验分享和答疑的平台；开展3次家庭教育讲座，帮助家长理解孩子们的情绪、行为，学习沟通技巧，以科学的方式教育子女。

据统计，"伴你成长"家庭教育咨询服务项目全年服务达913人次，对推动社区青少年的健康成长起了积极作用。2019年，这一项目的服务对象从社区、街道扩展到全区范围，也希望更多的专业人士能加入进来，共同守护青少年的健康成长。

该公益创投项目弥补了萧山专业性心理辅导类项目的空白，诠释了社会组织在专业社会治理领域的作用，也见证了萧山专业性社会组织的成长。

第四章 社工，社区的守护者

社区稳定，是城市稳定的基础；社区和谐，是城市和谐的根本。

社区服务与和谐，背后有许许多多为此努力和做出贡献的人。他们中有社工、物业工作者、志愿者……

城市社区不是以血缘为纽带而聚居的，人们来自四面八方，因为居住在一起才发生交集。社区建设是城市社会建设的重要内容，更是城市社会治理的重要方面。这次新冠肺炎疫情防控阻击战还说明，社区也是城市社会治理和应急反应的第一道重要防线。

城乡社区工作烦琐复杂，

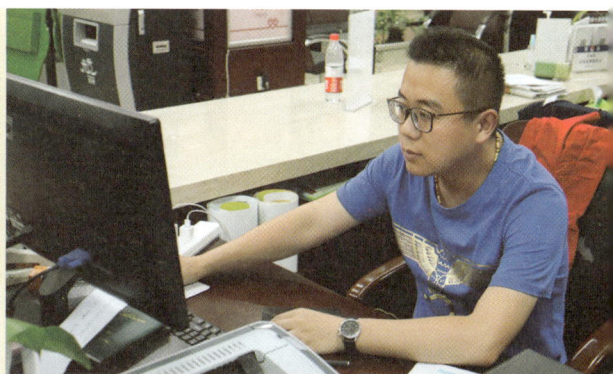

社区守护者

社区工作者身处最基层、第一线，困难重重、矛盾突发，经常不被群众理解，常常充当"受气包"的角色。

然而，面对这一次的新冠肺炎疫情防控，在时间紧、任务重、危险系数高的情况下，广大社区工作者勇敢前行、坚守岗位，大家拧成一股绳，共同抗击疫情，用实际行动向党和人民交上了一份合格的答卷。

社区，正因为他们而和谐；社区生活，正因为他们而丰富、美好。

第一节　休博园的社区"铁娘子"

休博园社区党总支书记王亚芳最近收获了不少新称呼："智多星书记""铁娘子书记""超长待机书记""巾帼猛士"……每个称呼背后都有故事可圈可点。

善谋善思、恪尽职守的"阵前军师"

休博园社区占地1.34平方公里，有6个住宅小区、2个商住楼，共

王亚芳在工作

王亚芳走访居民家庭

3729户，其中有1632户出租户，超过1/3的居民为新杭州人，疫情防控工作情况复杂、难度大。

"要想打赢这场疫情防控的阻击战，作战方法很重要！"社区工作人员王超杰回忆起防疫工作刚开始的时候，从事社区工作19年的王亚芳结合小区基本情况，仔细分析梳理，很快提出了"7410"工作法："7"，即把社区分为7个网格，每个网格有网格长监管；"4"，即对本社区出入人员严格执行"戴口罩、亮绿码、测体温、看证件"四项规定；"1"，即对隔离户进行"一对一、点对点"服务；"0"，即做到扫楼排摸"零"遗漏。

"有了这套方案，工作思路一下子就清晰起来。"王超杰敬佩地竖起大拇指。全体社工、网格长、志愿者以及辖区内的物业和业委会各司其职，迅速行动起来，排查核实、卫生治理、宣传引导、后勤保障各项工作有序到位。同时，社区社工、党员和志愿者组成了"爱心小分队"，每天点对点与居家医学观察者联系，尽全力满足他们的需求。休博园社区越来越安全，王亚芳赢得了"智多星书记"的称呼。

"她寸步不离守护社区，卡口值守、小区巡查……到处都有她的身影。"社区工作人员张妍回忆。王亚芳每天处理电话超70个、工作时间超12小时，这样的工作状态持续了20多天，大家称她为"超长待机书记"。

"辖区实行封闭式管理后，突发状况较多，王亚芳总是站在一线，处事果断，是响当当的'铁娘子'。"社区工作人员洪佳说。2020年2月10日下午7点，王亚芳忙碌了一天，刚准备吃快餐，就接到卡口反映，一个返杭租户试图强行进入小区，她立即放下饭盒赶赴现场，解释劝导，直至租户返程。这边刚结束，另一卡口又有出租户想回出租处拿物品，王亚芳经核实后与物业积极协调，助其顺利返家……全部事情处理完毕，王亚芳才端起盒饭吃晚饭，此时已是夜里10点多了。

疫情期间，休博园社区每天都有境外返程人员。王亚芳又一头扎进"内防扩散、外防输入"的工作中。

因在疫情防控一线表现突出，中共浙江省委授予王亚芳"浙江省优秀共产党员"称号。

人人参与，社区工作没有标准答案

疫情一线的努力和奏效，离不开王亚芳平时在社区的深耕。

王亚芳知道，这样的一场疫情防控战，靠几个社工蛮干是绝对不行的。得用巧劲，得发动居民。用得上巧劲，是因为王亚芳对社区管理用心至深；能发动居民，是因为王亚芳对居民用情至真。

2011年社区刚组建的时候，王亚芳就用上了"家访"的办法，一家家地上门。10年来，她一直保持着这个习惯。"进得了居民的家门，才能知道居民的需求。"她这样说。休博园社区的住户，1/3是本地居民，1/3是杭州主城区迁来的，1/3是来自全国各地甚至境外的新杭州人。和老社区相比，居民构成更为复杂，居民的生活习惯、文化底蕴更为多样，居民的诉求也更加多元。沿用老社区的管理方法是行不通的，得尊重居民的意见，引导居民参与社区管理。

尊重、民主、善于引导，王亚芳就像是一个睿智的"家长"，让居民们在社区中有了主人翁的地位，也能以主人翁的姿态投入社区自我管理中。在改造党群服务中心前，王亚芳先做了居民需求调查，再根据实际情况做了几套方案，张贴在社区，让居民自己投票选择。这既是民意的收集，也是一种宣传。改造完成后，场地的利用率和活动的参与率都很高。

扑下身子解民忧

多年来，如何充分发挥基层党组织的战斗堡垒作用，是王亚芳一直思考的问题。在社区工作十几年，她积累了丰富的经验。社区党支部是最基层的党组织，怎样当好"小巷总理"？王亚芳说，要始终坚定为党、为人民工作的理念，从小事做起，以身作则，同事之间讲团结，工作之中讲配合，困难面前冲在前。

休博园社区筹建之初，居民对社区意识淡薄，邻里之间关系不够融洽。

为改变这一现状，王亚芳积极倡导"5S"服务理念，和同事一起，在服务过程做到"微笑、真诚、快捷、个性、满意"，做到贴心服务聚

慰问医护人员家属

王亚芳工作照

民意，真情奉献暖人心。并提出"五好"工作目标：建设一个好的班子队伍，健全一个好的工作机制，带出一支好的志愿者队伍，创造一个好的居住环境，营造一个好的社区氛围，使居民住得舒心，有较强的归属感。运用"1+X"工作机制，带领社区党员干部和广大居民，开展社区自治，实现自我管理。

通过立足社区，立足居民，王亚芳试点推行"三社联动"。创办智炫休博社会工作服务中心，引入和培育18个社会组织，如"小薇工作室"为广大女性提供一个心理休息的场所，"蓝领驿站"为外来务工人员带去学习、成长、生活的乐园，"雏鹰乐园"成了"小候鸟"向往的假日学校，解决了企业员工的后顾之忧。

在社区工作中，王亚芳十几年如一日，忠于党、忠于社区事业，以社区为家，把满腔热情与关爱奉献给社区居民。对于社区内的困难人员，王亚芳常送去温暖的关怀，十几年来，每逢节假日，王亚芳就会上门慰问，让这个特殊群体很感动。生活品质提高了，社区群众得到了实惠，自然笑逐颜开，纷纷对她竖起了大拇指，视其为心目中的贴心人。

一分耕耘，一分收获。自2002年在社区工作以来，王亚芳在平凡的基层岗位上兢兢业业，坚持原则，清正廉洁，心系百姓，实实在在为社区居民办实事，为社区工作彰显特色。她先后被评为"杭州市优秀党务工作者""杭州市三八红旗手""萧山区优秀共产党员""萧山区十佳社会工作者"。

说起荣誉，王亚芳想感谢的是社区居民，她说："工作的确很辛苦，但大家齐心协力就不会感到累。"这种齐心协力，是王亚芳在休博园社区精心营造的氛围。新来的社区工作者张园告诉记者："王姐姐常常说社区工作没有标准答案，心里有居民才能找到做事的方法。我觉得王姐姐已经给出了标准答案。"

第二节　红色联盟军，休博园社区防疫硬核力量

　　守土有责，守土尽责，守土担责！面对来势汹汹的新冠肺炎疫情，王亚芳书记第一时间召开社区疫情防控动员会，迅速制定网格化防控措施，全面部署社区疫情防控工作。根据实际情况，为科学有序地开展疫情防控工作，休博园社区建立落实"7410"工作法。

　　★ "7410" 工作法 ★

"7"	社区按7个网格由社工全权负责，建立网格长负责制
"4"	对各小区出入人员严格执行" 戴口罩、亮绿码、测体温、看证件 "四个要求
"1"	对隔离户进行"一对一、点对点"服务
"0"	做到扫楼排摸"零"遗漏，扣清底子

部署"7410"工作法

　　在防疫工作中，休博园社区全体社工、业委会和物业组成红色联盟军，严格按照"7410"工作法落实小区防疫工作，积极主动，奋战一线，充分发挥社区内生力量，做好群防群治，组建好三支"战疫军队"，形成社区防控硬核力量，打造铜墙铁壁，坚决防止疫情输入、输出，全力守护好小区居民的平安健康。

红色社工先行军

社区干部以电话、微信、入户等排查方式开展摸排工作，对网格内所有人员进行全面排查，确保信息统计不遗漏，排查无死角；对重点隔离人群落实社区干部一对一负责制，每天早晚联系，检测体温，做好记录，按需采购生活物资，清除垃圾，解决隔离户后顾之忧。

红色社工先行军

红色社工先行军

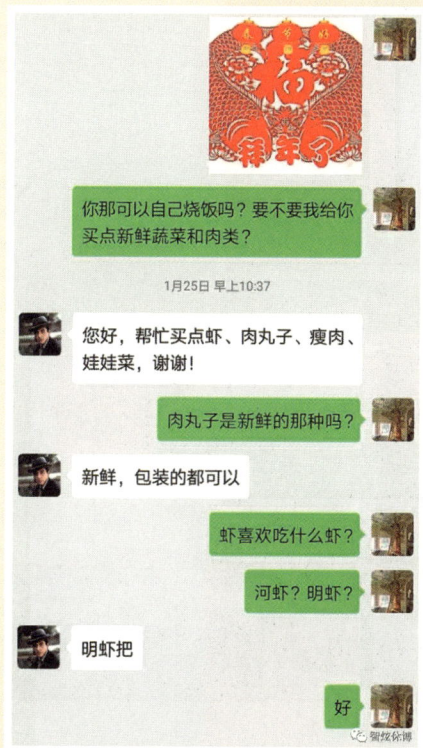

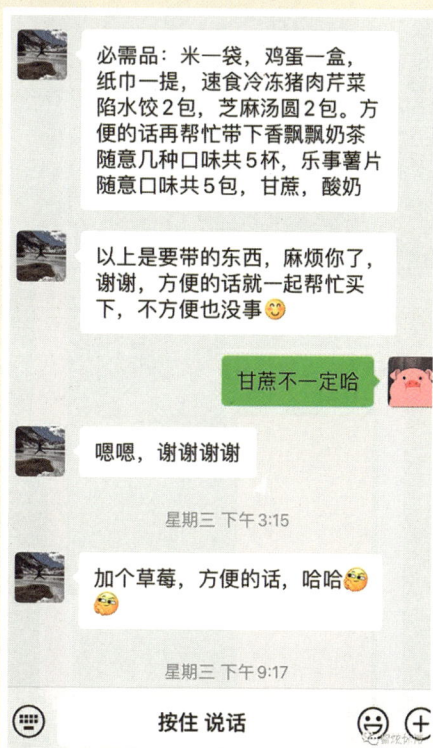

你那可以自己烧饭吗？要不要我给你买点新鲜蔬菜和肉类？

1月25日 早上10:37

您好，帮忙买点虾、肉丸子、瘦肉、娃娃菜，谢谢！

肉丸子是新鲜的那种吗？

新鲜，包装的都可以

虾喜欢吃什么虾？

河虾？明虾？

明虾把

好

必需品：米一袋，鸡蛋一盒，纸巾一提，速食冷冻猪肉芹菜陷水饺2包，芝麻汤圆2包。方便的话再帮忙带下香飘飘奶茶随意几种口味共5杯，乐事薯片随意口味共5包，甘蔗，酸奶

以上是要带的东西，麻烦你了，谢谢，方便的话就一起帮忙买下，不方便也没事😊

甘蔗不一定哈

嗯嗯，谢谢谢谢

星期三 下午3:15

加个草莓，方便的话，哈哈🤭🤭

星期三 下午9:17

按住 说话

红色物业铁甲军

辖区各小区门口设置卡口，坚持24小时值班执勤，对小区出入人员严格遵循"戴口罩、亮绿码、测体温、看证件"四个要求，坚决防止疫情输入、输出，为业主们筑牢一道坚实的防护墙。

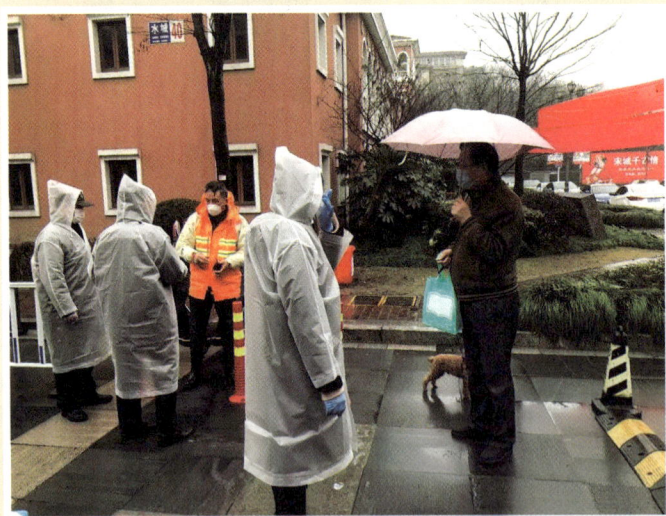

红色物业铁甲军

红色业主群防军

（一）最美业委会主任

"疫情就是命令！"休博园三区业委会主任金晔在大年二十九浙江省发布一级响应后，即在小区微信公众号上发布防控疫情注意事项宣传文章。随着疫情的升级、全民抗疫的兴起，她毅然投入了抗疫大军：大年初一晚上12点30分还在与物业经理商量防疫紧急措施；报名参加社区防疫志愿活动，多次到社区巡逻宣传；组建小区疫情防控党员先锋岗并带头值岗；发动小

防疫工作中的金晔

区业主向社区、物业捐献物资；增设小区邻居群，及时宣传疫情防控知识……

正像业主说的那样："金主任不愧为一名共产党员，每当小区有重大事项，总是率先垂范、冲在一线，她是最美主任！"

（二）居民志愿者成为物业后勤保障员

疫情期间，裴师傅等十多位业主组建服务保障队，为在卡口值守的物业人员送去热腾腾的饭菜和点心，给物业人员补充能量，共克难关。

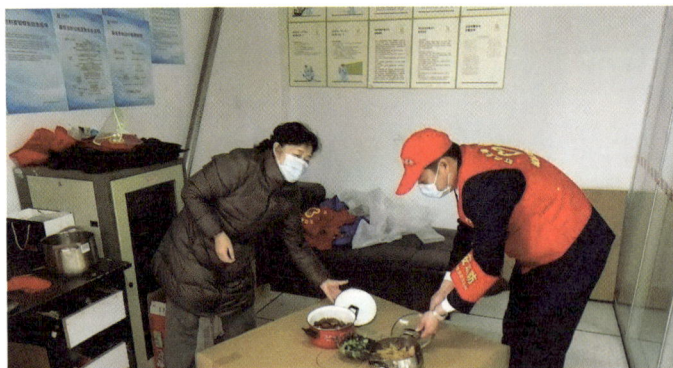

居民志愿者

志愿巡逻队

（三）志愿巡逻队，筑牢疫情防控网

面对疫情，休博园社区的志愿者们没有一丝犹豫，第一时间报名，积极参与社区疫情防控工作。他们每日坚守在各自小区的卡点上，穿上红马甲，戴上红袖章，宣传、巡防、守门、排查，为辖区群众筑起抗击疫情的"防火墙"。

在休博园社区党总支书记王亚芳的带领下，我们将继续扎实落实"7410"工作法，与小区业委会、物业、党员志愿者、居民群众一起组成红色联盟军，心往一处想，劲往一处使，众志成城，共同打赢这场新冠肺炎疫情防控阻击战。

第三节 红色铁甲军
——疫情中的"物业人"

2020年新年伊始，一场突如其来的新冠肺炎疫情疯狂向我们袭来。在这场没有硝烟的战役中，有这样一个群体，他们舍小家、顾大家，勇敢站在抗击疫情的第一线。他们尽己所能为小区清理每个犄角旮旯，并按防疫要求对公共区域日日反复消杀；他们还会以微笑回报一些业主的刁难和无理取闹。他们就是休博园社区物业的"物业人"。

尽职尽责，显军人风采——蔡华学

水城物业工作人员蔡华学是一名有着17年党龄的退役军人。在正月初六接到返岗通知后，他不顾老婆儿子的挽留，毅然从郑州老家返回萧

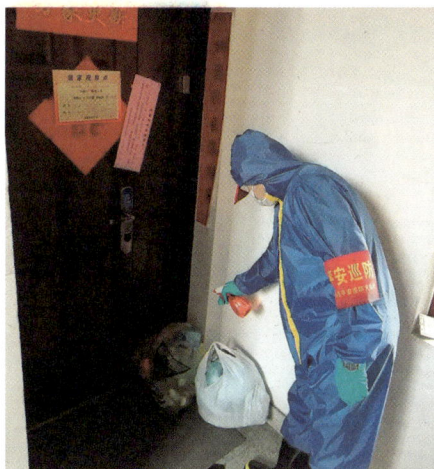

蔡华学

山奔赴抗疫第一线。返岗后，他第一时间安排好卡口值班人员，并亲自参与执勤管理工作。他始终坚持"白+黑"工作方式，白天清理居家隔离户垃圾，晚上为他们送快递。当人们问他为什么这么"拼"时，他总是说："我是党员，也曾是军人，虽然退役了，但是不会褪色，召必回，战必胜！"

竭尽所能的"铁人"——赵兴良

疫情一开始，物业人就逐户排摸，电话联系了解每一户业主的情况，扫除隐患，每天24小时在卡口执勤，测量体温，核实信息。他们用平凡的身躯筑起防控新冠肺炎疫情肆虐的第一道屏障，成为业主的挡"疫"牌。

赵兴良是地道的杭州本地人，春节期间他主动提出在项目组值班，

赵兴良

让外地员工能够回家团聚。随
着疫情日益严峻，杭州市开始
倡导全民在家，作为别墅项目
组的工程师傅，不时会接到业
主的报修电话，他每天做好自
身以及维修工具的消毒之后，
才上门帮助业主完成免费维修
事项。同时，因为春节期间项
目组人员减少，他主动承担起
园区消毒、门岗执勤、冲洗卫
生间、收取隔离业主垃圾等任
务，任劳任怨服从项目组各
岗位的调配。以他的话说：
"现在正是业主需要我们的
时候，作为一名共产党员，
坚决不做逃兵。"

疫情指挥官——徐云龙

　　休博园社区湘畔别墅的
高力物业项目经理徐云龙，在
疫情伊始就放弃了休息，值守
在物业，把小区的情况按照入
住、空置、装修中做好分类表
格，为社区工作者省去不少的

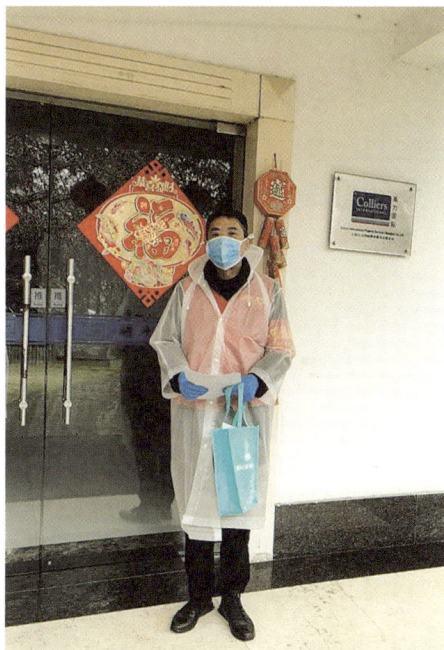

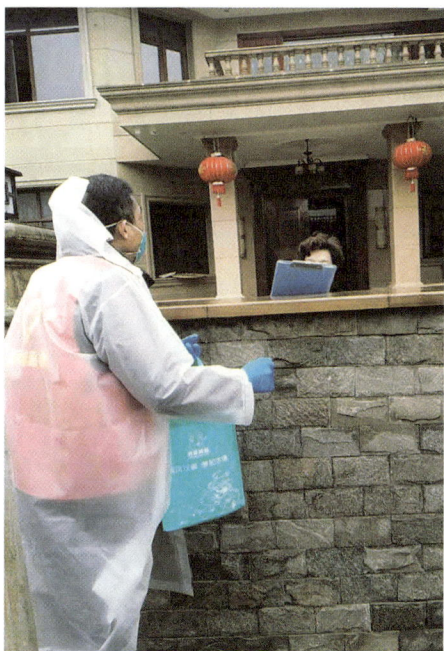

徐云龙

工作量；挨个给业主打电话，耐心细致地跟业主解释疫情，让业主减少外出、拒绝访客，取得谅解，减少了卡口管理的摩擦。

需要入户走访的时候，考虑到社区人员不足，徐云龙第一个报名参加志愿者，穿上红马甲，戴上红袖章，开始摸排工作，做到不漏一户，不少一人。

他说："当前疫情还未平息，作为物业人，需要牢牢守着防疫第一线，时刻紧绷防控弦，不获全胜绝不轻言成功。"

为这样的物业人点赞。

第四节　探索奋进，为实现老年人梦想敢为人先

充分掌握社区资源，实时了解居民需求，是社区文化家园保持长久活力的重要保障。

2019年初，休博园社区专门就"对社区文化活动是否满意"这一议题，召集社会组织负责人、居民代表和社区工作者共商、共议。通过交流以及调查参与者对社区日常活动的满意度，探寻意见和需求后发现：许多老年人希望有更多的机会能够学习新的事物；能够像年轻人一样舞台"走秀"、唱歌表演；能够写一手漂亮的毛笔字，说一句流利的英语；不满足于锻炼身体，也想要提升自己的文化修养，实现人生价值。

"赋权增能"：建立学习型社区

设立多样的学习课程，培养主动学习意识，提升老年人文化素养。挖掘内部资源，与社区社团"悠妮魔尚队"成员对接，为社区老年人开设形体训练营，提升自我的形象气质；同区老年大学对接，为社区老年人开设声乐合唱课程，唱响红色新中国；鼓励社区工作者，做居民的老师，开设英语学习班，锻炼老年人大脑掌握新知识。迎合需求，化被动为主动，让社区老年人在学习中成长，在学习中提升文化素养和形象气质。实现建立以老有所学、老有所乐、老有所为、老有所养为目的的综合体学习型社区。

重点突破，培养社区领袖人物。许多热心的、有特长的老年人都在社区活动中表现得十分活跃，他们有良好的人际关系，是社区发展居民

领袖的不二人选。近年来，社区积极发掘培养有潜质的居民领袖参与社会组织工作，为社区居民灌输当家做主的精神，以建立自主和自立的意识。让居民带动居民，自发开展活动，依托社区"一站一馆"场地，平均一周开展70节课程，在居民领袖的组织带领下，社区活动繁荣有序地进行。

"互助互学"：构建平等关系

通过活动引导社区社会团体加强联系，促进相互之间的交流和学习。只有社区各个社团协同发展，才能保障社区文化家园拥有持久鲜活的生命力。休博园社区开展一年一次的文化艺术节，为学习和展示搭建平台。通过举办茶艺、插画、毅行活动，参与街道"庆祝新中国成立70周年群众歌咏大赛"，组织中秋月饼和青团点心制作活动，促进彼此的交流。

聚力攻坚，为实现文化养老全力以赴

学习和成长需要一个展示的平台，自2017年建成社区文化家园以来，休博园社区以文化家园建设为助推器，积极开展群众文化活动，每年节假日期间都组织开展丰富的文化活动，连续五年举办社区文化艺术节。2019年以"我和我的祖国共成长"为主题的文艺汇演晚会，共表演13个节目，包括独唱、旗袍秀、越剧、童声独唱等，老年人成为表演的主力军，包揽了2/3的表演项目。特别是其中的旗袍秀节目，8位退休女性经过半年的学习和努力，在舞台上面展示了自信与美貌，弘扬了优美的旗袍文化，展现了当代女性积极向上的精神面貌。

老年教育和社区教育相似相通，通过广场志愿服务、宣讲培训和

安全巡逻等形式，传播志愿精神，鼓励老年人利用所学所长服务社会、奉献社会。2019年，无论是迎接中华人民共和国成立70周年的安全巡逻、垃圾分类的宣讲，还是文明礼仪培训和环境整治行动，都有许多社区的老年人积极响应，在活动中发现和解决社区问题，改善社区环境，塑造居民共治意识，培育互助与自治精神，增强了社区成员的凝聚力，营造了文明好风尚。

无论是穿上旗袍展现自信的风貌，还是握起笔杆书写优美的字体，从走进课堂学习知识到上台放声歌唱，休博园社区的老人们正以"不服老"的信念，在社区中学习和成长着，过着他们心目中的美好生活，拥有独属于他们的幸福晚年。

第五章　我们在这里幸福生活

社区是一个小社会，不同年龄、不同行业的人在这里聚集，成为朝夕相处的邻居。

幸福是什么？在每个人的理解中，都不一样，有人说有爱就有幸福，有人说有钱就有幸福，也有人说有房有车有存款就是幸福，还有人认为，家里人和睦相处身体健康才是幸福。

而幸福社区对于居住在同一个小区里的每个人来讲，就是和谐安居，相互尊重，不管小区新旧、房子大小，但都能处处有欢声笑语，有知足常乐的自由和心境。

如同休博园社区，正在幸福生活的路上不断奔跑。

多年来，整合社区资源，延伸

居民读书会

工作手臂，休博园社区自文化家园成立以来，一直努力发掘居民领袖人物，培育和引进社会组织，群策群力，致力于提升社区公益服务水平，为居民服务，为社区减负。目前，社区已建立28个社区社团组织，发展居民领袖36位，挖掘特长党员20人，为提升社区文化家园建设提供不竭的动力。

第一节　4位妈妈组建"孩子们的俱乐部"

家长自发组成"孩子们的俱乐部"

这一天，来自英国的Matthew爸爸在休博园社区的小教室里上英语课。课程很活泼，他将游戏、道具与肢体语言结合，让孩子们在轻松有趣的课程中边玩边学英语单词与对话。

事实上，每周二的上午，总有一批可爱的孩子们开心地上着家长们自主设计的各种免费课程。这就是休博园社区的"孩子们的俱乐部"。

Matthew一家是休博园社区的居民，通过与儿子Matthew结伴玩耍的小伙伴，一家人结识了社区内的几位好邻居，孩子们成为朋友后，孩子们的妈妈也成了好友。

社区出场地，家长出内容

这个"俱乐部"的建立，源于4位妈妈的一个小想法。

由于社区内缺少亲子活动的平台与早教、幼教机构，不少学龄前幼儿没有学习与玩耍的场所。社区里的4位妈妈：可乐妈、诺诺妈、小溪妈、Matthew妈就想组建一些免费的课程与活动，让孩子们参与。这个俱乐部不仅想让自己孩子参与进来，也想让社区内外更多的孩子们加入。

得知4位妈妈的想法时，社区非常欢迎和支持她们。场地与教室的布置经费由社区承担，而活动与课程的设计与策划、上课所需的材料则由4

位妈妈负责。

从那以后，4位妈妈分工合作，把亲子俱乐部组建起来了。她们说，当初想法很简单：就是想让孩子们健康快乐地学习与成长。

她们从刚开始试着把手工课、国学课、英语课一一开展起来，到如今课程增加至每周二与周五两次，孩子人数越来越多。"我们根据实际情况来看，孩子们上课的人数不能超过10人，不然注意力与教学互动效果会大打折扣。"可乐妈说，"现在不只是本社区的孩子参加了，其他社区的孩子也越来越多，先报名的10个孩子可以在周二上课，余下来的孩子可以在周五加课。"

家长轮流为孩子上课

在4位妈妈的通力合作下，不仅课程设计有趣，还把其他家长也吸引来了，大家自愿轮流为孩子们设计主讲课程。

"每个孩子的父母都是孩子很好的启蒙老师，一定有他们自己的一套方法，家长们可以互相借鉴。"可乐妈说。如今，孩子们的俱乐部开课时，家长们也有任务：每一堂课轮流由一位家长免费主讲、两位家长辅助并负责卫生与整洁。

现在，课程也呈现出多样化与趣味性。4位妈妈也组建了名为"威尼斯水城儿童活动群"的微信群，主讲的课程都会被拿到群里征求家长们的意见，探讨课程或者创新活动。就在2017年的六一儿童节，妈妈们策划了"唐顿庄园的英伦风"的主题创意活动，有的家长做好了主题海报，有的家长帮助可乐妈采购了一些英伦风的道具与装饰品，有的家长则动手做了主题蛋糕，这让孩子与家长着实过了一把英伦风的瘾。

于是，越来越多家长主动报名做主讲，帮助俱乐部开展更丰富多彩的活动。现在入群的家长有不少教师、医生，这些资源刚好可以用来开展多元化的主题活动，把相关领域引入孩子们的活动中。"接触了这些新事物，孩子与家长惊喜不断。我们4个很享受这样的快乐与忙碌。"小溪妈兴奋地说。

眼下群里的家长成员早已超过60名，嬉水、上课、主题Party等在群里不间断地被讨论出来并得到组织落实。

第二节　老年大学让老年人老有所乐

2019年8月，为满足辖区老年人学习的愿望，休博园社区设立了老年大学教学点，目前每门课都有几十名学员。

九木书画社

仇林是一名职业油画家，他与老伴成立了九木书画社，教社区居民画画。

仇林在写生

仇林1962年出生于上海，职业油画家。早年师从中国美院胡善余、林达川。现为中国美院油画系研究班学员、杭州美术家协会会员、杭州科普美协会员。其作品多次参加海内外重要展览，获奖众多。作品被海内外艺术机构及藏家广泛收藏。

近年来，九木书画社多次参加各类节日庆典活动，为休博园社区党员群众服务达3000次，服务人数7750人。不仅丰富了社区党员群众的业余文化生活，更形成了休博园社区一道亮丽的风景线。

仇林在写生

学英语兴致高

"How，Weather……"，近日，休博园社区活动室里传出朗读英语的声音，一群六七十岁的大伯大妈端坐在课桌前，他们目光聚焦在黑板上，正大声地跟着丁老师学习英语。

丁芳洁，休博园社区的一名社工，拥有英语专业八级证书。她在走访居民时了解到，有不少居民希望社区能开设英语班，教他们一些日常的英语口语。

居民陈大伯说："我们每年都有出国旅游的机会，如果会说点英语，在国外就方便多了。"

为实现大伯大妈们的心愿，休博园社区开设了每周一次的英语兴趣班，由丁芳洁每周三免费教大家学英语。她利用自己的休息时间，提前准备教案，想方设法采用老年人能接受的方式进行教学。

经过两个多月的英语兴趣班学习，大伯大妈们从之前的零基础，到现在已经掌握了基本的见面寒暄用语及日常会话。程阿姨开心地说："我从原来的不敢开口说，到现在可以脱口而出几句英语的短句了，家里人都夸我进步蛮大的。"

活到老，学到老。休博园社区负责人表示，英语兴趣班的开设，不仅丰富了老年人的业余生活，也满足了大家与时俱进、坚持学习的愿望。

老年声乐班

休博园社区的声乐班课程每周开一次，由毕业于东北师范大学音乐学专业的硕士李莉担任老师。李老师从发声、识谱等基本常识入手，系统授课、示范和指导。

　　李老师居住在休博园社区中，偶然间看到了社区内正在开办的非常丰富的文化类课程。在和社区书记交流的过程中发现，现在的许多社区居民和退休老人对声乐都十分感兴趣，在空余的时间经常可以看到有老年人在社区舞蹈房内唱歌、跳舞。老人们非常喜欢唱歌，也希望能够把歌曲唱得更好。于是社区在和李老师沟通后，老年人的声乐班就这样开班了。

李莉在给老人们讲声乐知识

在上课期间，老年人展现出来的热情完全不亚于在学校里上课的孩子们的热情，老人们学的都是歌颂祖国的红色歌曲，他们用实际行动展现着他们对祖国的深情。李老师在钢琴边的身影和教导老年人声乐知识的场景组成了一幅别样的画卷。

此外，书法班还请来中国美院的老师授课，三十多名学员已学习了隶书的"乙瑛碑"、楷书的"多宝塔碑"。

老人们说，能在家门口上大学，接受专业老师的指点，真幸福！

第三节　小区里的"文艺担当"

　　熟悉休博园社区的人都知道，在小区合唱队、朗诵队和舞蹈队总是有两个特殊的身影，他们多次参加了小区邻居节表演、社区读书日座谈、社区春晚和公益演出等活动。

薛玉中与徐小青夫妇

薛玉中与徐小青夫妇

他们就是薛玉中与徐小青夫妇。

徐小青退休前是大学老师，现担任小区湘湖之声朗诵队队长兼艺术指导和小区公众号"风情·休博三区"的编辑。她组织开展朗诵队各项活动，尽心指导朗诵训练，组织排练朗诵节目，创作了《印象湘湖》《迟到的春天》等原创诗歌作品并改编了一批诗歌作品，多次组织参与社区、小区和省民生广播电台的节目演出。她为小区公众号撰写了《春天来了》《如梦令·武汉》《湘湖健步行活动纪实》等大量散文、诗歌及宣传报道，还多次组织编排舞蹈节目，参加国标舞、交谊舞、民族舞等表演活动，积极推进社区和小区的文化品质建设。

薛玉中退休前是省级机关的一名教授级技术专家，是民主党派人士，退休后仍担任中国农工民主党浙江省老龄工作委员会委员。他热心参与小区和社区的文化建设和公益服务，积极为小区和社区工作建言献策。他先后参与组织小区乒乓球比赛，主持文化沙龙讲座等多项活动，并为小区公众号文体栏目撰写相关报道文章，提供可视作品。为进一步提升小区的文化品质，他自费购置了摄像器材，自学并钻研导演策划、音频剪辑、视频制作等技术，使小区可视作品达到较高的艺术水准。此外，他还义务担任了小区监控、消防设施维修领导小组副组长和单元楼道长，认真负责做好相关服务工作。

自退休后，他们夫妻二人互帮互学，携手共进，积极保持热爱学习和努力进取的精神活力，不断学习新事物和新知识，积极参加社区与小区的文化建设、公共服务、公益活动等，不计个人得失，乐于奉献余热。

在疫情期间，他们积极传播正能量，两人合作创作并朗诵了诗歌《迟到的春天》等作品，为祖国、为武汉、为浙江抗击疫情加油。

他们一腔热情，一身正气，爱祖国，爱社区，爱小区，爱生活，他们的生活目标是：老而不衰，退而有进，发现美好，永远年轻。

第四节　演绎最真实的幸福，享受最舒心的生活

什么是幸福？有人认为腰缠万贯是幸福，有人认为位高权重是幸福，有人认为食可果腹就是幸福，也有人认为平安即是幸福。正如"一千个人心中就有一千个哈姆雷特"，不一样的人心中对幸福的理解各不相同，不一样的人对幸福的演绎也千差万别。

周国梅一家是社区里让人羡慕的一家。她一直认为："我们是千家万户中普通的一员，我们是大千世界里平凡的一户，但是，即使我们就是这样一户平凡普通的人家，也用自己的行动演绎着最真实的幸福，享受着最舒心的生活。"

互敬互爱，和谐为家

互敬互爱是家庭和睦的基础，是家庭幸福的源泉。周国梅和丈夫结婚几十年，夫妻俩在生活中相互照顾、相互信任，在工作中相互理解、相互支持。在家里时常交流工作体会，相互取长补短，遇到困惑相互开导，相互帮助。女儿和女婿自从结婚以来就一直与他们住在一起，女婿把他们看作是自己的父母来孝敬，尊重他们，经常陪他们说话。

许多人问周国梅：为什么她的家庭如此融洽？她回

答说，谅解是最好的解药。只要互相站在对方的角度来看待事物，思考问题，没有什么事情是解决不了的。许多平凡的小事不足挂齿，但它就像催化剂使他们的感情日益融洽，家庭和睦、快乐。

周国梅幸福的一家

敬业爱岗，互相促进

常言道："成功人士背后一定有一个优秀的人支持。"周国梅说，应该是"有一个和谐的家庭"在支持。在这个幸福家庭里，虽然各人的性格、文化、志趣各不相同，但是家庭中很少出现矛盾冲突，大家都能互相体谅、尊老爱幼、民主平等、宽容谦让，形成了互相理解、尊重、平等、关爱的文明家风。

坚持"干一行，爱一行""要有不怕苦、不怕累的精神投入到工作中""多学习有用的知识，多学习身边朋友的长处，努力充实自己"，这样才能向家庭和社会奉献自己的力量。年轻时，丈夫创业打拼，而周国梅作为村委会妇女主任，一向从自我做起。遇到违反规定又不合作的家庭，她还会多次前去做思想工作，动之以情，晓之以理，帮忙化解问题。

和睦邻里，热心公益

这是个党员之家。退休后，他们就用实际行动，创造团结邻里、乐于公益的热心家风。周国梅还是热心的居民小组长，邻居们谁有难事，她一定是第一个伸出双手。丈夫也是社区志愿者，经常参加社区组织的各类活动，并有时候客串厨艺老师，教社区邻居做菜。全家人都常带笑脸，都是在单元、社区乐于奉献，愿意助人的热心人。

一个幸福、快乐、和谐的家庭需要每个家庭成员共同的努力。只有每个人都奉献一点爱，家庭才会更温暖；只有每个家庭都幸福了，我们的社会也才会更加和谐。

第五节　教导过一千多名学员的飞机检验师

　　吴学武，一直是一位热心肠的居民，每当社区开展活动和执勤时，都会看到他和他爱人的身影。熟悉的人一直喊他"吴师傅"。

　　作为一名有50多年党龄的老党员和20年军龄的退伍军人，吴师傅在部队期间是一名机检师，细致认真检查每一个仪表和仪器，确保飞机顺利起飞是

吴学武当机检师时的老照片

参观红色文物

他的职责和使命。在对越自卫反击战期间，作为一名地面机检人员，吴师傅24小时待命，每时每刻都为飞机起飞做好准备。由于当时设备不够完善，长期工作在巨大声响的环境中，吴师傅的听力也受到了影响。作为一名机检师和机务参谋，在部队期间，他一直钻研专业技能书籍，获得过硬的专业技术，先后教导了一千多名学员。不仅如此，吴师傅一手漂亮的书法和优美的二胡演奏也是令人惊叹的才能。

吴师傅同富玫娥阿姨共育有两个女儿，在吴师傅参军期间，由富阿姨一人抚养两个女儿。虽然生活比较艰苦，但是一家人的感情一直很好。1984年，吴师傅退伍回萧山后，来到公路建设部门，继续为祖国建设竭尽所能。

一辈子都在为祖国建设尽力的吴师傅，退休后积极参与社区的文化活动，尤其是在红色文化传承方面尽自己的力量。他时常给社区的孩子们讲红色故事，说改革开放四十年以来的变化。他说，退了休也可以发挥余热，参与社区活动让他的生活更丰富美好了。

第六节　社区里有一位走秀达人

在社区长廊上，总能看到一群女性优美的姿态和靓丽的身影。这要归功于社区里有名的文化达人毛月琴。"旗袍最能改变人的气质，练过和没练完全是两个样。"这是她常说的话。

毛老师曾求学于上海东华大学模特专业，后师从杭州模特业最具

毛月琴乐之家形体课

权威的两位老师。她拥有高级少儿模特教师资质，高级职业模特培训师资质，高级礼仪培训师资质，高级国际注册职业模特培训师资质。在各类比赛中多次获奖，曾荣登"2015年文化养老寻梦"杭州杂志封面皇后、2016年杭州电视台春晚节目《月光下的百合》首席演员、国际HOTMAMA辣妈中国区杭州赛区形象代言人等。

毛老师在了解到许多之前没有接触过走秀和旗袍的退休居民朋友也有学习的想法，于是专门开设了一个公益课程班，由她和她的学员教导老年人们走秀。

作为形体老师，毛老师带领了许多热爱学习形体和走秀的女性来到社区活动室练习和上课。很多人来学之前肥胖、弯腰驼背、走路拖沓；学完之后腰板笔挺，端庄大方，魅力十足，穿衣风格脱胎换骨，靠旗袍减肥塑形的学员更是不计其数。

在社区的文化艺术节上，虽然是初学者，但是她们在舞台上走出了一道靓丽的风景。

第七节　活跃在艺术节舞台上的优雅舞者

在休博园社区第一届、第二届、第三届、第四届文化艺术节，以及建党节文艺晚会上，一个优雅的身影用民族舞、排舞、走秀等各种形式出现在舞台上，深受观众好评。

孙家熊教社区老人跳舞健身

孙家熊在跳蒙古舞

他就是孙家熊。孙老师出生于1943年4月19日，今年78岁。在杭齿技校任教时，曾担任杭州齿轮箱集团公司总工会文体部部长。几十年来，他一直在学校从事教育工作。他的大姐是中国儿童舞蹈协会理事，是上海长宁区少年宫主任，专教儿童芭蕾舞及民族舞。受姐姐的影响，孙老师从小也喜爱跳舞，几十年来一直活跃于地方工会文娱活动中。2017年11月，他在潇湘社区带领二十多位队员赴香港参加全国中老年文娱演出，蒙古舞获得创作演出一等奖。

"休博园社区给我们创造了各种优越条件，使我们老有所学，丰富了老年人文娱生活，使居民加深友谊，生活更充实。"孙老师说。自从休博园社区成立后，退休人员有了专属活动场地，孙老师就发挥自己的特长，参与到丰富的社区文娱生活中去。每年社区文娱会带头参加演出，有时候也代表休博园社区到萧山其他社区参加演出比赛。

社区文艺骨干要紧紧围绕"文化乐民，文化育民，文化惠民"十二字文化方针和加强社区文化阵地建设，提高社区居民文化素质，活跃社区文化氛围的指导思想，在繁荣社区文娱活动中发挥作用，使社区中退休人员老有所学，老有所乐，增强社区居民间的友谊。

第八节　"立功立德立言"的儒学诵读家

南怀瑾老师在《论语别裁》一书开篇说：儒学的孔孟思想是粮食店，是天天要吃的；道家像药店，心里生病就要去，一个国家民族生病也要去；佛学像百货店，里面百货杂陈样样齐全，有钱有时间就可以去逛逛。

汪福仙读儒家经典也就是从《论语别裁》开始的。她认为，人生由物质生活和精神生活组成，而儒家思想就是我们精神生活的来源。

汪福仙讲《论语》

汪福仙不但自己读，也带领单位的同事读。每月一次读《论语》等经典，坚持了五年。退休后，她又走进了"小候鸟"班，带领"小候鸟"们读《论语》第一篇。每次与"小候鸟"的共同诵读都其乐无穷，有课堂讨论，也有回家作业。虽然时间有限，但结束时"小候鸟"们都能快乐地背诵了。

她时常说，孔子是了不起的，周游列国而主张不被采纳，他仍然没有灰心，转而投身教育，这就是强大的精神力量在支撑着他。

《论语》的第一篇很重要。"学而时习之"，学问能够如小鸟飞翔（習）一样每天时时去练习，那是一种由内而外的快乐。学习知识不是学问，学问好是做人好做事好，能为别人着想。不认识字的人也有学问好的。所以《论语》开篇说："贤贤易色；事父母，能竭其力；事君，能致其身；与朋友交，言而有信。虽曰未学，吾必谓之学矣。"

儒学是真正能够提高人生修养的学问，是建立社会和谐关系的基础学养，是推动社会文明的精神能量。

第九节　"孩子们的小教室"：家长合力
为孩子打造成长乐园

在滚滚前行的时代浪潮面前，"传承雷锋精神，弘扬民族美德"，依然是一股彰显人性的重要力量。"我愿永远做一颗螺丝钉。""力量从团结来，智慧从劳动来，行动从思想来，荣誉从集体来。"……雷锋语录，激励人们无私奉献、刻苦钻研、奋斗不息。

走进休博园社区服务中心，听到不少孩子在大声跟读英语单词。走廊上，是正在等待孩子下课的家长。一位姓秦的女士告诉记者，她去年夏天参加了"孩子们的小教室"，这是一个由社区家长共同组织设立的"亲子俱乐部"。"这边活动比较丰富，课程上安排得也很用心，而且能让孩子跟更多同龄人交流沟通。"她说。

在"孩子们的小教室"，家长要担负起主讲老师、辅助老师、卫生老师的责任。"刚开始的时候，我们所有课程都是由家长自己轮流担任主讲老师，根据自己的特长进行课程安排，比如有'唱跳学诗词''手工活动''英文绘本活动'等。"小教室发起人之一的米粒妈妈程丽告诉记者。

随着孩子人数增加、年龄增长，对课程也有了更多更高的要求，于是"孩子们的小教室"加入了很多专业力量。"许多家长在某些方面拥有专业知识，他们来给孩子们上课，也会提供一些教育资源，比如一些认识的相关老师，方便我们对接。"程丽表示。每次加入新的课程都会先开展体验课，让家长们来选择老师。像舞蹈课，当时根据家长提供的资源一共安排了6位老师来上体验课，家长们对老师的授课方式、内容安排、时间等进行评价，最后选择了其中一位老师。

团体合作，往往能爆发出意想不到的力量。在"孩子们的小教室"，每个家长的参与给孩子们营造了一个成长、学习的乐园。现在，在"孩子们的小教室"微信交流群里，已经加入了二百多位家长，一周安排21节课左右，孩子们在这里一起快乐学习。

用文明为杭州新时代发展筑基塑魂

杭州，美丽中国的魅力样本；杭州，文明中国的幸福范例。

文以化人、德以润心，这些年在杭州的城市影响力构成中，文化软实力的提升有目共睹。

近些年来，在加快建设独特韵味别样精彩世界名城、打造展示新时代中国特色社会主义的重要窗口进程中，杭州进一步弘扬"精致和谐，大气开放"的城市人文精神，以"绣花"功夫推进城市精细化治理，提升城市颜值、涵养城市气质，加快塑造站在时代前沿、引领风气之先的城市文明，杭州已是全国文明城市"三连冠"。

2018年，杭州又在全国28个省会（副省级）全国文明城市专项测评中名列第二。文明已经成为杭州打造和展示新时代中国特色社会主义窗口的根和魂，"中国最具幸福感城市"金字招牌也越擦越亮。获此殊荣以来，杭州倍加珍惜、砥砺前行，大力加强公民思想道德建设，用公共文明理念和市民文明行为浸润整座城市，不断涵养崇德向善、文化厚重、和谐宜居、人民满意的底蕴气质，让城市更文明，让生活更幸福，向全世界充分展示了历史与现实交汇的独特韵味。走在前列要谋新篇，新的节点上，更进一步、更快一步，厚培文化土壤，将为我们这座城市积蓄更多前行的力量。

休博园社区作为中国首个游憩商业社区(RBD)，坐落于杭州市萧山区城厢街道西北部，萧山"母亲湖"湘湖东岸，坐拥地铁口，面朝新湘湖，集湖光山色之精华，融历史人文为一体，繁华中独享一份安宁。

本书以"社区文化家园建设"为主题，对萧山区休博园社区的游憩文化展开研究。休博园社区以旅游、文创产业集聚区的区域优势，社区、企业、居民"三化共融"，发掘和培育文化领军人物，组建由居民自发组成的各类文体队伍，同时利用好地域特性，社区和辖区企业合力，形成"资源共享、优势互补、互惠互利、共驻共建、共同发展"的良好局面，实现了社区与企业的融合，居民与员工的融合，着力将社会主义核心价值观转化为居民的情感认同和行为习惯。

本书通过对休博园的历史、文化、品牌活动和社区事件、社区精英人物的实地采访、调研，展现休博园社区精神文化家园的标杆和领跑者的风采，感受文化家园建设在活跃社区文化、提升市民素质、促进社区和谐、凝聚社区力量中的重要作用，顺应现代人提升生活品质的需求，回应群众对美好生活的文化新需求、新期待。

在本书的编写过程中，萧山区委宣传部、城厢街道、休博园社区的许多同仁给予了极大的帮助。

本书编写过程中，得到了萧山区委宣传部（文明办）、城厢街道、休博园社区等单位和部门的大力支持。在休博园社区深耕多年的社区党总支书记王亚芳以其专业和敬业精神深深打动笔者。王书记对社区有着深厚的感情，亲身经历和参与社区的变化，有比较丰富的经验和娴熟的文字驾驭能力，书中的许多稿件是王书记亲自执笔。而社区工作人员洪佳工作耐心，不厌其烦地在众多材料中挑选有价值的素材。此外，还得到张妍、王超杰、丁芳洁、张芸婷、张园、沈月东、许姣姣等同志的大力帮助。书中图片主要由休博园社区以及社区居民孙家熊、徐小青、吴学武等提供。他们都对本书有很重要的贡献，并付出了辛勤的劳动。

在此，对他们表示衷心感谢！

郑　晖

2020年5月